As 17 incontestáveis leis do trabalho em equipe

John C. Maxwell

As 17 incontestáveis leis do trabalho em equipe

Descubra os segredos para o desenvolvimento de equipes vencedoras

Tradução
Emirson Justino

Vida Melhor
Rio de Janeiro, 2016

Título original
The 17 indisputable laws of teamwork

Copyright © 2001 por Maxwell Motivation, Inc.
Edição original por Thomas Nelson, Inc. Todos os direitos reservados.
Copyright da tradução © Thomas Nelson Brasil, 2007.

Publisher	*Omar de Souza*
Editores Responsáveis	*Aldo Menezes e Samuel Coto*
Coordenação de produção	*Thalita Aragão Ramalho*
Tradução	*Emirson Justino*
Capa	*Valter Botosso Jr.*
Revisão	*Margarida Seltmann*
	Magda de Oliveira Carlos Cascardo
	Cristina Loureiro de Sá
Projeto gráfico e diagramação	*Julio Fado*

Os textos das referências bíblicas foram extraídos da versão
Almeida Revista e Atualizada, 2ª edição, salvo indicação específica.

CIP-BRASIL. CATALOGAÇÃO NA FONTE
SINDICATO NACIONAL DOS EDITORES DE LIVROS, RJ

M419d
Maxwell, John C., 1947-
    As 17 incontestáveis leis do trabalho em equipe: descubra os segredos para o desenvolvimento de equipes vencedoras / John C. Maxwell; tradução de Emirson Justino. - Rio de Janeiro: Thomas Nelson Brasil, 2016.

Tradução de: The 17 indisputable laws of teamwork
Inclui bibliografia
ISBN 978-85-7860-777-7

1. Comportamento organizacional. 2. Eficiência organizacional. 3. Sucesso. I. Título.

07-4521.   CDD: 650.1
                                                  CDU: 65.011.4

Todos os direitos reservados à Thomas Nelson Brasil
Rua Nova Jerusalém, 345 – Bonsucesso
Rio de Janeiro – RJ – CEP 21042-235
Tel.: (21) 3882-8200 – Fax: (21) 3882-8212 / 3882-8313
www.thomasnelson.com.br

Este livro é dedicado às pessoas que compõem o Grupo INJOY:

A vocês que

Tornam-me cada vez melhor;
Valorizam-me junto às outras pessoas;
Capacitam-me a fazer o que faço melhor;
Permitem que eu tenha mais tempo;
Representam-me nos lugares aonde não posso ir;
Promovem a comunhão que nos dá alegria;
Satisfazem os desejos do meu coração.

Jamais poderei agradecer-lhes o suficiente!

Sumário

Agradecimentos 11
Introdução 13

1. A Lei do Significado 17
"Um" é um número muito pequeno para se alcançar a grandeza
Qual é o seu sonho? O de Lilly Tartikoff é encontrar a cura para o câncer. Ela não é cientista — nem precisa ser. Tudo o que ela precisa conhecer é a Lei do Significado.

2. A Lei da Perspectiva Global 29
O objetivo é mais importante que a função
O que levaria um ex-presidente dos Estados Unidos a cruzar o país de ônibus, dormir no chão e realizar trabalho braçal por uma semana? A resposta pode ser encontrada na Lei da Perspectiva Global.

3. A Lei do Nicho 41
Todos os participantes têm um lugar em que contribuem mais
Se você fosse o líder do mundo livre, como decidiria que trabalho dar a uma pessoa que é capaz de assumir qualquer função — incluindo a sua? Se deseja que todos saiam vencedores, você deve utilizar a Lei do Nicho.

4. A LEI DO MONTE EVEREST 53
Quanto maior o desafio, maior é a necessidade de se trabalhar em equipe
Tenzing Norgay e Maurice Wilson eram alpinistas experientes e possuíam os equipamentos adequados. Então por que apenas um deles conquistou a montanha enquanto o outro morreu na tentativa? Apenas um deles conhecia a Lei do Monte Everest.

5. A LEI DA CORRENTE 67
A força de uma equipe é determinada por seu elo mais fraco
Será que adianta milhares de funcionários estarem fazendo um excelente trabalho quando apenas um continua a agir de maneira errada? Pergunte à empresa que pagou mais de três bilhões de dólares de indenização, submetendo-se à Lei da Corrente.

6. A LEI DO CATALISADOR 81
Equipes vencedoras possuem membros que fazem as coisas acontecerem
O que você faz se 31 de dezembro está se aproximando e seu pessoal de vendas continua correndo atrás das metas para o ano? Dave Sutherland pode lhe dizer. Sua equipe atingiu a meta porque ele sempre viveu de acordo com a Lei do Catalisador.

7. A LEI DA BÚSSOLA 95
A previsão orienta e dá confiança aos membros da equipe
O presidente da Enron soube do plano multimilionário que a empresa tinha de executar para permitir a operação online apenas dois meses antes do lançamento e não se incomodou nem um pouco com isso. Por quê? Porque ele e sua equipe estavam colhendo os benefícios da Lei da Bússola.

8. A LEI DA LARANJA ESTRAGADA 109
Atitudes ruins estragam a equipe
A expectativa era de arrasar no campeonato. Tinham talento e ambição para vencer. Porém, em vez de dominar, eles se autodestruíram. Que pena que não conheciam a Lei da Laranja Estragada.

SUMÁRIO

9. A LEI DA CONFIANÇA 121
Os membros da equipe devem ser capazes de contar uns com os outros quando necessário
Ninguém morre quando alguém comete uma falha em sua empresa. Mas isso pode se tornar realidade neste negócio de família. É por isso que a Lei da Confiança é tão importante para eles.

10. A LEI DO PREÇO A PAGAR 135
A equipe deixa de alcançar seu potencial quando não paga o preço
A empresa poderia ter se tornado a maior varejista do mundo. Em vez disso, foi forçada a fechar suas portas depois de 128 anos no mercado. Por quê? Os líderes estavam pagando o preço por ignorar a Lei do Preço a Pagar.

11. A LEI DO PLACAR 147
A equipe pode fazer ajustes quando sabe onde está
Milhares de empresas "pontocom" faliram. Muitas companhias "bem-sucedidas" nesse ramo ainda estão esperando sair do vermelho. Mas essa empresa continua vencendo, crescendo e ganhando dinheiro! Por quê? Porque ela sempre jogou de acordo com as regras da Lei do Placar.

12. A LEI DA RESERVA 159
As grandes equipes têm grande amplitude
Normalmente, qual é o funcionário mais valioso de uma empresa? O diretor-executivo? O presidente? O melhor vendedor? Você poderia imaginar que é alguém do RH? Se conhecesse a Lei da Reserva, certamente consideraria esta opção.

13. A LEI DA IDENTIDADE 175
Valores em comum definem a equipe
Como você faria para que milhares de pessoas trabalhando na área de estoque, usando um avental laranja e atendendo a todos os caprichos dos clientes se sentissem empolgadas? Bernie Marcus e Arthur Blank fizeram isso ao construírem os fundamentos de sua empresa com base na Lei da Identidade.

14. A Lei da Comunicação 189
A interação leva à ação
A empresa passou pelas mãos de dez líderes em dez anos. Os funcionários estavam cansados e amargurados, e a empresa perdia dinheiro. Como Gordon Bethune poderia salvar essa companhia aérea da falência? Ele começou usando a Lei da Comunicação.

15. A Lei da Vantagem 205
A diferença entre duas equipes igualmente talentosas é a liderança
A equipe tinha problemas sérios. Seus membros possuíam tudo o que precisavam para ir longe — talento, apoio, recursos, menos o mais importante. Sua única esperança de virar o jogo era conseguir alguém que cumprisse a Lei da Vantagem.

16. A Lei do Moral Elevado 217
Quando estamos vencendo, nada nos perturba
O que faria com que um homem de cinquenta anos de idade que nem sequer sabia nadar suportasse a dureza do treinamento para o triatlon mais difícil do mundo? Não, não foi uma crise de meia-idade. Foi a Lei do Moral Elevado.

17. A Lei dos Dividendos 233
Investir na equipe produz dividendos em longo prazo
Você já caiu numa armadilha ao arrumar um emprego? Morgan Woonen já e, como resultado, mudou a vida de milhares de crianças. Sua dedicação vai ensinar-lhe tudo o que precisa saber sobre a Lei dos Dividendos.

Posfácio 245
Notas 247

Agradecimentos

Todo livro que escrevo é um trabalho em equipe. E este não é diferente. Gostaria de agradecer às pessoas que me ajudaram a produzir *As 17 Incontestáveis Leis do Trabalho em Equipe*:

- A equipe da INJOY, que me ajudou a pensar e a aperfeiçoar as leis.
- Margaret Maxwell, minha esposa, a melhor amiga e colega número um da equipe, que sempre me dá bons conselhos.
- Linda Eggers, que cuida de todos os detalhes de minha vida.
- Kathie Wheat, responsável pela maravilhosa pesquisa na realização desta obra.
- Stephanie Wetzel, que aperfeiçoou o manuscrito através de suas revisões e da edição de cada palavra.
- Charlie Wetzel, cujos escritos estendem minha influência pelo mundo afora.

Introdução

Todos os dias, de alguma maneira, você está fazendo parte de uma equipe. A pergunta não é se você vai participar de alguma coisa que envolve outras pessoas. A pergunta correta é: seu envolvimento com as outras pessoas será bem-sucedido? Você pode encontrar a resposta a essa pergunta neste livro.

Todos sabem que o trabalho em equipe é algo benéfico. Na verdade, é essencial! Mas como realmente funciona? O que faz com que uma equipe seja vencedora? Por que algumas equipes vão diretamente ao topo, observando que suas ideias se tornam realidade, enquanto outras parecem não ir a lugar algum?

Essas perguntas não têm respostas simples. Se assim fosse, os campeões mundiais seriam sempre os mesmos, e a lista das quinhentas maiores empresas da revista *Fortune* não se alteraria com o passar dos anos.

Um dos desafios da aprendizagem sobre trabalho em equipe é que mesmo as pessoas que já levaram equipes ao ponto mais alto de suas áreas às vezes têm dificuldades para identificar o que diferencia uma grande equipe de um grupo de pessoas incapazes de trabalhar juntas. Alguns dirão que a chave para o sucesso é uma sólida ética de trabalho. Mas você já não conheceu uma porção de indivíduos esforçados que nunca trabalharam juntos para alcançar seu potencial? Outros acreditam que grandes equipes são resultado de uma química. Mas, com frequência, eles dizem: "Não posso explicar como isso funciona, mas certamente sei que se trata de uma boa equipe quando vejo uma." Como abordar esse assunto e, a partir disso, construir a sua equipe?

Na condição de um comunicador que passa incontáveis horas discursando em conferências todos os anos, estou sempre procurando maneiras diretas de ensinar verdades complexas às pessoas. É isto o que faz um comunicador: receber algo complicado e o tornar simples. Em 1998, escrevi *As 21 Irrefutáveis Leis da Liderança*. Desejava compartilhar o que eu havia aprendido em três décadas liderando pessoas. A reação foi impressionante. O livro estacionou na lista dos mais vendidos do *The New York Times Business Books*, no *The Wall Street Journal*, na *BusinessWeek* e na Associação de Editoras Cristãs (CBA) dos Estados Unidos. Estou sinceramente agradecido por tudo isso. Porém, o mais importante durante os vários anos em que falei sobre as leis nos Estados Unidos e nos cinco continentes é que tive o prazer de observar que as pessoas se identificavam às leis, aplicando-as em sua vida e aperfeiçoando sua liderança. O aprendizado das leis mudou a vida das pessoas, e eu sabia que havia encontrado um poderoso instrumento para ajudá-las a aprender como liderar.

Meu desejo é tornar a formação de equipes algo tão simples de entender, reter e colocar em prática quanto a liderança. Quero eliminar sua aura de mistério. Por isso trabalhei com afinco para identificar as Leis do Trabalho em Equipe. O que é maravilhoso em relação às leis é que você pode contar com elas. Não importa quem seja você, sua experiência ou as circunstâncias que enfrenta agora: você pode confiar numa lei.

Conforme ensino as leis, você descobrirá que, com frequência, eu abordo o assunto do trabalho em equipe do ponto de vista de um líder. Isso faz sentido, uma vez que os líderes são aqueles que unem e conduzem as equipes à vitória. Mas você não precisa ser um líder para tirar benefícios deste livro. Praticamente tudo o que você faz depende do trabalho em equipe. Não importa se você é um líder ou um seguidor, técnico ou jogador, professor ou aluno, pai ou filho, chefe ou trabalhador. Não importa quem você seja: se aprender e aplicar as leis, sua capacidade de trabalho em equipe será aperfeiçoada. Quanto maior o número de leis que você e os membros de sua equipe aprenderem, maior a probabilidade de passarem de um grupo de indivíduos a uma equipe vencedora.

Existem equipes de todas as formas e tamanhos. Se você é casado, você e seu cônjuge são uma equipe. Se você é funcionário de uma empresa, você e seus colegas são uma equipe. Se você investe tempo em trabalho voluntário, você e seus colegas são uma equipe. Dan Devine fez uma piada sobre isso: "Uma equipe é uma equipe. Shakespeare disse isso muitas vezes." Embora o talentoso dramaturgo talvez não tenha dito exatamente isso, o conceito é totalmente verdadeiro. Por isso o trabalho em equipe é tão importante.

Recentemente, durante uma conferência da qual participei, um jovem líder que estava apenas começando sua carreira aproximou-se e perguntou:

— John, qual é o ponto principal que eu preciso saber sobre trabalho em equipe?

— O ponto principal? — repliquei. — Esta não é uma pergunta fácil de se responder.

O rapaz insistiu:

— Mas eu quero começar a entender isso. Só quero o ponto principal — disse ele.

— Tudo bem, já que você insiste! — disse eu. — O mais importante que você precisa saber sobre trabalho em equipe é que há mais de um ponto importante sobre trabalho em equipe.

Num primeiro momento, ele me olhou interrogativamente. Então, tornou-se um pouco irritado. Mas, logo depois, pude ver uma súbita compreensão em seus olhos.

— Ok, entendi — disse ele. — É um processo. Tudo bem, tudo bem. Estou pronto para embarcar nessa. Estou disposto a investir meu tempo no aprendizado.

Quero encorajá-lo a fazer o mesmo, dedicar-se ao processo de aprendizado para ser um grande membro ou formador de equipes. Conforme você lê as Leis do Trabalho em Equipe e começa a aplicá-las, penso que descobrirá que elas produzem um impacto positivo em todos os aspectos de sua vida. Conforme prossegue, lembre-se também do seguinte: nenhuma das leis se mantém sozinha, mas todas elas, juntas, apoiam umas às outras. Quanto maior o número de leis que aprender, melhor você se tornará.

Aproveite o processo, dê o melhor de si e nunca esqueça que, independente do que deseja fazer em sua vida, é necessário trabalho em equipe para tornar seu sonho realidade.

1. A Lei do Significado

"Um" é um número muito pequeno para se alcançar a grandeza

Quem são os seus heróis pessoais? Tudo bem, talvez você não tenha heróis especificamente. Então, deixe-me perguntar o seguinte: quais pessoas você mais admira? Com quem você mais gostaria de se parecer? Quais são as pessoas que realmente mexem com você? Você admira...

- Empresários inovadores como Jeff Bezos, Fred Smith e Bill Gates?
- Grandes atletas como Michael Jordan, Marion Jones ou Mark McGuire?
- Gênios criativos como Pablo Picasso, Buckminster Fuller ou Wolfgang Amadeus Mozart?
- Ícones da cultura pop como Madonna, Andy Warhol ou Elvis Presley?
- Líderes espirituais como João Wesley, Billy Graham ou Madre Teresa?
- Líderes políticos como Alexandre, o Grande, Carlos Magno ou Winston Churchill?
- Gigantes da indústria cinematográfica como D. W. Griffith, Charlie Chaplin ou Steven Spielberg?
- Arquitetos e engenheiros como Frank Lloyd Wright, os irmãos Starrett ou Joseph Strauss?

- Pensadores revolucionários como Marie Curie, Thomas Edison ou Albert Einstein?

Também é possível que sua lista inclua pessoas de uma área que não mencionei.

É certo dizer que todos nós admiramos os realizadores. Os americanos, em especial, amam os pioneiros e os individualistas audazes, pessoas que lutam sozinhas a despeito das adversidades ou da oposição que enfrentam: o colonizador que encontrou um lugar para si nos campos selvagens da fronteira; o xerife do velho Oeste que enfrenta destemidamente um inimigo durante um duelo; o piloto que corajosamente voa sozinho pelo oceano Atlântico; o cientista que transforma o mundo com o poder de sua mente.

O mito do cavaleiro solitário

Embora admiremos os feitos conquistados de maneira solitária, a verdade é que, sozinho, nenhum indivíduo conseguiu realizar algo de valor. A crença de que uma única pessoa pode fazer algo grandioso é um mito. Na vida real, não existem Rambos capazes de dominar exércitos inimigos sozinhos. Até mesmo o Zorro não foi verdadeiramente um solitário. Aonde quer que fosse, galopava com Tonto!

Nada significativo foi alcançado por um indivíduo agindo sozinho. Observe abaixo da superfície e descobrirá que todo ato aparentemente individual é na realidade esforço de equipe. Um colonizador da fronteira, como Daniel Boone, tinha amigos na Companhia Transilvânia quando abriu a Estrada do Deserto. O xerife Wyatt Earp tinha dois irmãos e Doc Holliday em alerta. O aviador Charles Lindbergh teve apoio de nove empresários de St. Louis e dos serviços da Companhia Aeronáutica Ryan, a construtora de seu avião.

Até mesmo Albert Einstein, o cientista que revolucionou o mundo com a Teoria da Relatividade, não trabalhou no vácuo. Com relação ao compromisso que tinha com algumas pessoas por sua obra, Einstein certa vez comentou: "Durante várias vezes por dia, eu percebo o quanto de minha vida interior e exterior foi construído sobre o trabalho de meus semelhantes, tanto vivos quanto mortos, e penso o quão seriamente devo dedicar-me a retribuir tanto quanto recebi." É verdade que a história dos Estados Unidos é marcada pelos feitos de muitos líderes excepcionais e pessoas inovadoras que assumiram riscos consideráveis. Mas essas pessoas sempre fizeram parte de uma equipe.

> A crença de que uma única pessoa pode fazer algo grandioso é um mito.

O economista Lester C. Thurow fez o seguinte comentário sobre o assunto:

> Não há nada de antitético na história, na cultura ou na tradição americanas com relação ao trabalho em equipe. As equipes foram muito importantes na história da América: as caravanas de carroças conquistaram o oeste; os homens trabalhando juntos nas linhas de montagem da indústria americana conquistaram o mundo; uma estratégia nacional bem-sucedida e muito trabalho em equipe colocou um americano na Lua pela primeira vez (e, até agora, pela última). Mas a mitologia americana exalta apenas o indivíduo... nos EUA, existem halls da fama para quase toda atividade imaginável, mas os americanos não erigiram nenhum monumento em homenagem ao trabalho em equipe.

Devo dizer que não concordo com todas as conclusões de Thurow. Afinal, vejo o memorial de guerra da Marinha norte-americana em Washington D.C., comemorando o hasteamento da bandeira em Iwo Jima. Mas ele está certo em alguns pontos. O trabalho em equipe é — e sempre foi — essencial à construção do país. Essa afirmação também pode ser feita em relação a qualquer outro país no mundo.

O valor do trabalho em equipe

Um provérbio chinês diz que "por trás de um homem capaz sempre existem outros homens capazes". A verdade é que o trabalho em equipe está no cerne de qualquer grande feito. A questão não é se as equipes têm valor. A questão é se reconhecemos esse fato e nos tornamos melhores participantes da equipe. É por isso que afirmo que "um" é um número muito pequeno para se alcançar a grandeza. Você não pode fazer nada de valor real sozinho. Esta é a Lei do Significado.

> Não existem problemas que não possamos resolver juntos, mas, sozinhos, poderemos resolver apenas alguns.
> — Lyndon Johnson

Desafio você a pensar em um ato de genuíno significado na história da humanidade que tenha sido realizado por um ser humano solitário. Não importando o que mencione, esteja certo de que uma equipe esteve envolvida. Foi por esse motivo que o presidente Lyndon Johnson disse: "Não existem problemas que não possamos resolver juntos, mas, sozinhos, poderemos resolver apenas alguns."

C. Gene Wilkes, em seu livro *O Último Degrau da Liderança*, observou que o poder das equipes não é evidente apenas no mundo dos negócios de hoje, mas também teve destaque até mesmo nos tempos bíblicos. Wilkes afirma:

- As equipes envolvem mais pessoas, reunindo, assim, mais recursos, ideias e energia do que uma única pessoa.
- As equipes maximizam o potencial de um líder e minimizam suas deficiências. Os pontos fortes e as deficiências ficam mais expostas em indivíduos sozinhos.
- As equipes apresentam múltiplas perspectivas sobre como atender a uma necessidade ou alcançar um objetivo, divisando várias alternativas para cada situação. Raramente, o discernimento de um indivíduo é tão amplo e profundo quanto o de um grupo quando este assume um problema.
- As equipes compartilham o crédito das vitórias e as responsabilidades das perdas. Isso favorece humildade genuína e comunhão autêntica. Os indivíduos recebem os créditos e a culpa sozinhos. Isso alimenta o orgulho e, às vezes, um sentimento de fracasso.
- As equipes cobram do líder a responsabilidade pelo objetivo. Indivíduos que não mantêm relações com ninguém podem mudar seus objetivos sem responsabilidade final.

- As equipes simplesmente podem fazer mais do que um único indivíduo.

Se você quer realizar seu potencial e lutar pelo que é aparentemente impossível — como comunicar sua mensagem 2.000 anos depois de ter partido — você precisa se tornar participante de uma equipe. Pode parecer um clichê, contudo é verdade: os indivíduos participam do jogo, mas são as equipes que vencem o campeonato.

Por que ficar sozinho?

Sabendo de tudo isso sobre o potencial das equipes, por que algumas pessoas ainda querem fazer as coisas sozinhas? Creio que existe uma série de razões para isso.

1. Ego

Poucas pessoas admitem tranquilamente que não são capazes de fazer tudo, embora essa seja a realidade da vida. Não existem super-homens ou supermulheres. Como diz Kerry Walls, uma das pessoas da equipe do Grupo INJOY: "Fazer mais pratos girarem não aumenta o seu talento, aumenta sua probabilidade de derrubar um prato." Portanto, a pergunta não é se você pode fazer tudo sozinho, mas, sim, quanto tempo levará para perceber que não pode.

> O trabalho em equipe nasce quando você se concentra no "nós" em vez de no "eu".

O filantropo Andrew Carnegie fez a seguinte declaração: "Representa um grande passo em seu desenvolvimento perceber que outras pessoas podem ajudá-lo a fazer um trabalho melhor do que aquele que você faria sozinho." Para fazer algo realmente grande, esqueça seu ego e prepare-se para fazer parte de uma equipe.

2. Insegurança

Em meu trabalho com líderes, descobri que algumas pessoas deixam de promover o trabalho em equipe porque se sentem ameaçadas por outras pessoas. O estadista florentino do século 16, Nicolau Maquiavel, provavelmente fez observações similares que o levaram a escrever o seguinte: "O primeiro passo para se estimar a inteligência de um governador é olhar para os homens que estão ao seu redor."

Creio que a insegurança, ao invés do mau julgamento ou da falta de inteligência, é a causa mais frequente de os líderes cercarem-se de pessoas fracas. Conforme afirmei no livro *As 21 irrefutáveis leis da liderança*, somente líderes confiantes transmitem poder aos outros. Esta é a Lei do Fortalecimento. Por outro lado, os líderes inseguros normalmente fracassam ao construir equipes por uma de duas razões: ou desejam manter o controle sobre todas as coisas pelas quais são responsáveis, ou temem serem substituídos por alguém mais capaz. Seja qual for o caso, os líderes que deixam de promover o trabalho em equipe enfraquecem seu próprio potencial e consomem os melhores esforços das pessoas com quem trabalham. Eles poderiam se beneficiar grandemente do conselho do presidente Woodrow Wilson: "Não deveríamos usar apenas o cérebro que possuímos, mas todos aqueles que podemos tomar emprestado."

> Não deveríamos usar apenas o cérebro que possuímos, mas todos aqueles que podemos tomar emprestado.
> — Woodrow Wilson

3. Ingenuidade

O consultor John Ghegan tem um quadro em sua mesa que diz: "Se eu precisasse fazer tudo novamente, pediria ajuda." Esse comentário representa com precisão os sentimentos do terceiro tipo de pessoas que fracassam ao se tornarem construtoras de equipes. Elas ingenuamente subestimam a dificuldade de realizar coisas grandes. Como resultado, tentam seguir sozinhos.

Algumas pessoas que principiam nesse grupo terminam bem no final. Elas descobrem que seus sonhos são maiores do que sua capacidade, percebem que não atingirão seus objetivos sozinhas e, então, se retificam. Fazem da formação de equipe um método para grandes realizações. Contudo, outras pessoas percebem isso tarde demais e, como resultado, nunca realizam seus objetivos. O que é lamentável.

4. Temperamento

Algumas pessoas não são muito extrovertidas e simplesmente não pensam em termos de formar ou participar de equipes. Quando enfrentam desafios, nunca lhes ocorre procurar outras pessoas para realizar algo.

Como uma pessoa comum, acho difícil falar a respeito disso. Sempre que enfrento qualquer tipo de desafio, a primeira coisa que faço é pensar nas pessoas da equipe que eu quero que me auxiliem. Sou assim desde criança. Sempre pensei por que caminhar sozinho se posso convidar outras pessoas para caminharem comigo?

> Sabe-se que as pessoas alcançam mais por trabalharem umas com as outras do que contra as outras.
> — Dr. Allan Fromme

Entendo que nem todos agem dessa forma. Porém, você ser ou não naturalmente inclinado a fazer parte de uma equipe é algo realmente irrelevante. Se você faz tudo sozinho e nunca se associa a outras pessoas, cria barreiras enormes a seu potencial. O Dr. Allan Fromme fez uma brincadeira: "Sabe-se que as pessoas alcançam mais por trabalharem umas com as outras do que contra as outras." Que eufemismo! Precisamos de uma equipe para realizar alguma coisa de valor duradouro. Além disso, até mesmo a pessoa mais introvertida do mundo pode aprender a se beneficiar do fato de fazer parte de uma equipe (isso é verdadeiro até mesmo no caso de alguém que não esteja tentando fazer algo notável).

Há alguns anos, meu amigo Chuck Swindoll escreveu um parágrafo no livro *The Finishing Touch* que resume a importância do trabalho em equipe. Ele disse:

> Ninguém é uma equipe completa... Precisamos uns dos outros. Você precisa de alguém e alguém precisa de você. Não somos ilhas isoladas. Para fazer com que isso que chamamos vida realmente funcione, precisamos de apoio e auxílio. Relacionar-se e corresponder. Doar e receber. Confessar e perdoar. Estender a mão, adotar e confiar, pois nenhum de nós é um "bambambã" completo, independente, autossuficiente, supercapaz e todo-poderoso, vamos dei-

xar de agir como se o fôssemos. A vida já é suficientemente desolada sem que nos portemos assim. O jogo acabou. Vamos nos unir.

O jogo realmente acabou para aquele que tenta fazer tudo sozinho. Se você deseja realizar algo grandioso, deve unir-se aos outros. "Um" é um número muito pequeno para se alcançar a grandeza. É a Lei do Significado.

Você pode perceber a diferença

Quando você olha para a maneira pela qual as pessoas conduzem sua vida, pode dizer bem rapidamente quem reconhece e adota a verdade da Lei do Significado. Isto é certamente real para Lilly Tartikoff. Não sei se Lilly sempre soube do valor do trabalho em equipe, mas suspeito que o tenha aprendido cedo, uma vez que foi dançarina de balé profissional. Se os dançarinos não trabalhassem juntos, suas atuações nunca alcançariam o nível de Lilly. Tendo começado aos sete anos de idade, ela passava dez horas por dia, seis dias por semana, praticando ou apresentando balé. Como resultado disso, ela se tornou membro da Companhia de Balé da Cidade de Nova York e trabalhou junto a eles de 1971 a 1980.

Durante uma partida de tênis em Los Angeles, em 1980, Lilly conheceu Brandon Tartikoff, o recém-nomeado presidente da programação de entretenimento da NBC. Naquela época, aos trinta anos, ele era o mais jovem presidente de uma rede de televisão da história. Eles logo se tornaram amigos. Então, passaram a manter encontros românticos. Em 1982, estavam casados. Isso deu início a uma vida completamente nova para Lilly. Ela deixou de ser alguém que não assistia à televisão para se tornar a esposa de um executivo de comunicações imerso na cultura da indústria do entretenimento de Los Angeles. Mas essa adaptação não foi nada se comparada a outro desafio que ela enfrentou naquele ano. Pela segunda vez em sua vida, Brandon recebeu o diagnóstico da doença de Hodgkin.

Incrível ciência

Seguindo o conselho de um amigo médico, Brandon foi se consultar com um jovem oncologista, pesquisador da Universidade da Califórnia, Los Angeles (UCLA), chamado Denny Slamon. Em agosto de 1982, o

Dr. Slamon iniciou dois tipos de tratamento em Brandon, um dos quais era experimental. Brandon normalmente era medicado na sexta-feira e, posteriormente, Lilly o levava para casa e cuidava dele enquanto ele sofria terríveis efeitos colaterais durante todo o fim de semana. Eles seguiram essa rotina por um ano e, durante todo esse tempo, Brandon continuou suas atividades como presidente da rede de televisão. Foi um período difícil para ambos, mas eles optaram por enfrentar o câncer como uma equipe e, depois de algum tempo, Brandon se recuperou.

Além dessa provação, muitas coisas surgiram. Uma delas foi que a rede NBC, para a qual Brandon trabalhava, passou do último para o primeiro lugar na audiência. Em sua autobiografia, ele escreveu: "O câncer o ajuda a ver as coisas mais claramente. Descobri que a doença pode realmente ajudá-lo a fazer seu trabalho e há uma razão muito simples para isso: não existe nada como o câncer para mantê-lo concentrado naquilo que é importante."[1] Esta concentração lhe permitiu levar ao ar alguns dos mais populares e inovadores shows da história da televisão: The Cosby Show, Cheers, Hill Street Blues, Miami Vice, The Golden Girls, The A-Team, St. Elsewhere e outros.

Para Lilly, porém, o resultado foi diferente. Depois de a doença de Hodgkin ter sido extirpada do corpo de seu marido, sua vida mudou.

"Brandon estava recebendo um tratamento simplesmente maravilhoso", observou ela. A pesquisa médica que havia prolongado a vida de Brandon a intrigava. Assim, quando teve uma oportunidade de ajudar outras pessoas a se beneficiarem da mesma pesquisa médica, ela não pôde dizer não. Isso aconteceu em 1989, quando o Dr. Dennis Slamon, o cientista da UCLA que havia tratado de Brandon sete anos antes, pediu ajuda a Lilly.

Ninguém pode fazê-lo sozinho

Durante vários anos, o Dr. Slamon estudou o câncer de mama. Ele acreditava que estava prestes a desenvolver um tratamento novo e radical que não apenas teria maior eficiência no tratamento da doença em relação aos tratamentos tradicionais, como faria isso sem os indesejáveis efeitos colaterais da quimioterapia. Ele detinha perícia e habilidade necessários para fazer o trabalho, mas não podia fazê-lo sozinho. Precisava de alguém que financiasse o projeto. Pensou em Lilly. Ela ficou muito feliz em poder ajudá-lo.

O plano que ela desenvolveu demonstrava grande familiaridade com trabalho em equipe e parcerias estratégicas. Lilly já havia trabalhado como conselheira de beleza da Max Factor, antigamente associada à Revlon. Ela tentou persuadir Ronald Perelman, diretor-executivo da Revlon, com o Dr. Slamon. Num primeiro momento, isso não foi fácil. Contudo, assim que Perelman percebeu o potencial da pesquisa de Slamon, doou 2,4 milhões de dólares para financiar o trabalho do cientista, sem qualquer restrição. Foi uma parceria diferente de tudo o que se houvesse realizado antes. O resultado foi a criação do Revlon/UCLA Women's Cancer Research Program — e um novo tratamento glorioso contra o câncer que, em pouco tempo, passou a salvar a vida de várias mulheres.

A essência do trabalho em equipe

Para Lilly, ser a cofundadora de um centro de pesquisa foi apenas o começo. Ela havia captado a essência do que era possível fazer através do trabalho em equipe e estava ansiosa por mais. Percebeu rapidamente que poderia atrair outras pessoas à sua causa. Formaria uma equipe ainda maior, usando suas relações no meio artístico para fazê-lo. Naquele mesmo ano, ela promoveu um evento em Hollywood para levantar fundos. Poucos anos depois, ampliou seu círculo e fez parcerias com a Entertainment Industry Foundation (EIF) e criou a Revlon Run/Walk, primeiramente em Los Angeles e depois em Nova York. Até então, os eventos haviam levantado mais de dezoito milhões de dólares para a pesquisa do câncer. Em 1996, ela ajudou a criar a National Women's Cancer Research Alliance.

Em 1997, o câncer de Brandon recrudesceu pela terceira vez, levando sua vida. Ele tinha apenas 48 anos de idade. A despeito desse revés pessoal, Lilly continuou a construir equipes para combater o câncer. Quando conheceu Katie Couric, que havia perdido seu marido para um câncer de cólon, Lilly foi novamente motivada a agir. Com a ajuda de Couric e da EIF, formou a Aliança Nacional de Pesquisa do Câncer Colorretal em 2000.

"Quando me sentei com Katie", disse Lilly, "ouvi que, com diagnóstico precoce, pode-se reverter o câncer e, literalmente, o câncer é 90% curável e evitável. Bem, isso foi como colocar um grande bife diante de um cão faminto... Pensei comigo mesma que precisávamos conseguir aquilo. Então, reuni todos os associados: A EIF e o Dr. Slamon... que conciliou uma agenda e uma missão. Assim, criamos a National Colorectal Cancer Research Alliance (NCCRA). Você não tem ideia do quanto isso é estimulante e gratificante".

Um indivíduo sozinho não pode realizar a tarefa incrível e significativa que Lilly Tartikoff e seus parceiros estão tentando realizar. Uma pessoa sozinha não pode assumir o câncer. Mas isso é válido para tudo o que valha a pena fazer. Se a causa for significativa, é necessário uma equipe. Isso foi algo que Lilly percebeu, colocou em prática e agora vive diariamente. "Um" é um número muito pequeno para se alcançar a grandeza. É a Lei do Significado.

Pensamento de equipe

Você pode ser bom — mas não é tão bom assim!

Tornando-se um membro de equipe melhor

Quais são os principais objetivos pelos quais você está trabalhando agora?

Escreva alguns deles abaixo:
1. _____
2. _____
3. _____

Agora, reflita sobre como está trabalhando para atingir esses objetivos. Qual caminho tem tomado para alcançá-los? Você está fazendo tudo sozinho? Ou está construindo uma equipe para alcançar esse objetivo?

Se você não está tentando fazer parte de uma equipe, tente imaginar por quê. É uma questão de ego? Você está inseguro? Enganou-se acerca do tamanho dos desafios? Ou seu temperamento o inclina a trabalhar sozinho? Se sua resposta a alguma das questões acima for positiva, esforce-se para superar a dificuldade imediatamente. Quanto mais cedo você se tornar membro de uma equipe, mais cedo será capaz de realizar seus sonhos.

Tornando-se um líder de equipe melhor

Pense no maior sonho de sua vida. Agora, pergunte-se:

- "É maior do que eu?"
- "Beneficia tanto a mim quanto aos outros?"
- "Vale a pena dedicar uma parte de minha vida a isso?"

Se você respondeu sim a todas as perguntas acima, pense em que tipo de pessoas devem se unir a você para lutar pela realização desse sonho.

Faça uma lista das pessoas com opiniões iguais às suas que poderiam aceitar aliar-se a você no processo. Então, convide-as à sua jornada. Esteja atento aos que poderiam se beneficiar fazendo parte dessa equipe.

2. A Lei da Perspectiva Global

O objetivo é mais importante que a função

Anos atrás, fui convidado a participar de uma importante conferência que estava sendo planejada por uma organização nacional altamente respeitada. Eu era um dos cerca de doze palestrantes que haviam sido selecionados para falar a uma audiência de mais de sessenta mil pessoas, vindas de todas as partes do país. Essa conferência aconteceria em função de uma causa que eu valorizava, e considerei o convite uma honra.

Algumas semanas antes da conferência, todos os palestrantes foram escalados a uma reunião com o fundador da organização para falar sobre o planejamento, discutir os tópicos sobre os quais falaríamos e oferecer mútuo apoio e sugestões. Fiquei realmente entusiasmado com tudo aquilo, pois alguns líderes extraordinários faziam parte do grupo. Aquele encontro prometia ser um momento vibrante, mas a realidade da reunião foi algo muito diferente do que eu esperava.

Quando entramos todos juntos numa sala, aquela não pareceu uma reunião de planejamento e apoio. A medida que discutíamos o dia da conferência, alguns dos palestrantes pareciam estar "manobrando" de forma a conseguir algum tipo de posição. Por serem bons comunicadores, sabiam que a ordem de apresentação, o momento do dia e a quantidade de tempo concedido a cada um fariam uma grande diferença na maneira como suas mensagens seriam recebidas. O papel que cada palestrante desempenharia parecia mais importante que o próprio objetivo da conferência.

Mas eu também observei algo além disso. Quando um dos palestrantes nos comunicou brevemente seu tópico, senti imediatamente que sua palestra seria o ponto culminante da conferência. Todas as outras mensagens estariam subordinadas a ela. Aquele homem, porém, não estava lutando pelo melhor lugar. Ele não estava puxando o tapete de ninguém. Não parecia querer tomar parte daquele tipo de manobra.

No momento em que todos estavam concentrados em si mesmos, percebi que havíamos perdido de vista a perspectiva global de por que estávamos ali. Então eu falei ao grupo sobre esse palestrante:

> Se você acha que é o todo, então nunca verá o verdadeiro todo.

— Creio que sua mensagem será o grande diferencial na vida da pessoas que comparecerem à conferência. E acho que a audiência vai recebê-la melhor se a palestra for proferida na minha vez — disse eu. Então, virando-me para a pessoa que não estava tentando promover-se, eu disse:

— Por favor, tome o meu lugar.

Foi como se todos na sala houvessem recebido um golpe. De repente, todos recuperaram a perspectiva correta. Depois disso, em vez de eleger a si mesmos e salvar a sua parte, todos os oradores estavam dispostos a fazer tudo pelo bem comum. Lembramos que o objetivo era mais importante do que os nossos papéis individuais. Esta é a essência da Lei da Perspectiva Global.

Qual é a minha parte?

Em uma cultura que glorifica as medalhas de ouro individuais e na qual se luta por direitos em vez de se concentrar em assumir responsabilidades, as pessoas tendem a perder perspectiva global. Na verdade, algumas pessoas parecem acreditar que elas são o todo: tudo gira em torno de suas necessidades, de seus objetivos e de seus desejos. Vi uma mensagem numa camiseta que expressa muito bem essa atitude: "Minha

ideia de equipe é um grupo de pessoas fazendo o que as mando fazer."
Não se espera que uma equipe seja um grupo de pessoas sendo usadas como ferramenta por um indivíduo com motivações egoístas. Membros de uma equipe devem ter objetivos comuns que sejam mutuamente benéficos. Eles devem ser motivados para trabalhar juntos, e não manipulados por alguém que busca reputação pessoal. Todo aquele que está habituado a reunir pessoas e usá-las em benefício próprio não é um formador de equipes: é um ditador.

> Se a equipe quer alcançar seu potencial, cada jogador deve estar disposto a subordinar seus objetivos pessoais ao bem do time.
> — Bud Wilkinson

Se você quer observar a dinâmica de uma equipe em funcionamento, olhe o mundo dos esportes e você poderá perceber facilmente se as pessoas estão trabalhando juntas. O resultado de um jogo é imediato e mensurável. Por essa razão, é fácil verificar quando um indivíduo está pensando somente em si próprio e não nos objetivos comuns e nos valores do time.

Para vencer nos esportes, os membros de uma equipe devem sempre ter a perspectiva global diante deles. Devem lembrar que o objetivo é mais importante do que o papel que desempenham ou a reputação pessoal que possam desejar. O *superstar* da NBA, David Robinson, comentou o seguinte: "Creio que qualquer jogador vai lhe dizer que os feitos individuais ajudam o seu ego, mas, se você não vencer, prepare-se para uma temporada bastante longa. O mais importante é que o time jogue bem."

Tudo tem a ver com a equipe

Na década de 1950, o aclamado técnico de futebol americano do Estado de Oklahoma, Bud Wilkinson, explica o assunto da seguinte maneira no livro *The Book of Football Wisdom*: "Se a equipe quer alcançar seu potencial, cada jogador deve estar disposto a subordinar seus objetivos pessoais ao bem do time."

Algumas equipes esportivas parecem adotar a postura do "cada um por si". Outros combinam a atitude de subordinação e o trabalho em equipe em tudo o que fazem. Equipes de futebol americano, por exemplo, a Notre Dame e a Penn State (da Universidade Estadual da Pensilvânia) não colocam os nomes dos jogadores nas camisas. Lou Holtz, ex-técnico do Fighting Irish, explicou o porquê. Ele disse: "No Notre Dame nós cremos que bordar as iniciais ND é toda a identificação de que precisamos. Todas as vezes que alguém reclamava, eu dizia que eles tinham sorte por permitirmos números nos uniformes. Na minha concepção, eu não colocaria nada além de iniciais indicando a posição de cada jogador. Se sua prioridade é a equipe, em vez de você mesmo, de que mais você precisa?"

Times vencedores possuem jogadores que colocam o bem da equipe acima de si mesmos. Eles querem jogar em suas áreas de domínio, mas estão dispostos a fazer o que for necessário para cuidar do time. Estão dispostos a sacrificar seu papel em nome de um objetivo maior. Esta é a Lei da Perspectiva Global.

Enxergando a perspectiva global

As pessoas que montam equipes de sucesso nunca se esquecem de que cada pessoa da equipe tem um papel a desempenhar e que cada papel contribui para a perspectiva global. Sem essa perspectiva, a equipe não pode atingir seu objetivo, seja o "jogo" da equipe um esporte, os negócios, a família, o ministério ou o governo.

Os líderes dos mais altos níveis compreendem a Lei da Perspectiva Global. Eles mantêm continuamente a imagem da perspectiva global diante de si mesmos e de sua equipe. Winston Churchill é um ilustre exemplo disso. Diz-se que, durante a Segunda Guerra Mundial, quando a Inglaterra passava por seus dias mais obscuros, o país tinha dificuldades em manter os homens trabalhando nas minas de carvão. Muitos queriam desistir daquele trabalho ingrato e sujo nas minas perigosas para ingressarem no serviço militar, o que lhes garantiria mais atenção e apoio do público. Contudo, o trabalho nas minas era crucial para o sucesso na guerra. Sem o carvão, os militares e as pessoas em suas casas ficariam em situação difícil.

Assim, o primeiro-ministro encontrou-se certo dia com milhares de mineiros e falou-lhes de sua importância no esforço da guerra, de como seu papel poderia contribuir ou arruinar o objetivo de manter a Inglaterra livre.

Churchill desenhou uma imagem de como seria quando a guerra terminasse, de uma grande parada que honraria as pessoas que lutaram na guerra. Primeiramente, desfilariam os combatentes da Marinha, disse ele, as pessoas que mantiveram a tradição de Trafalgar e da derrota da Armada espanhola. A seguir, viriam os melhores e mais brilhantes da Bretanha, os pilotos da Força Aérea Real que resistiram contra a Luftwaffe alemã. Logo depois, estariam os soldados que lutaram em Dunkirk.

> Nem todos em um time de campeonato conseguem notoriedade, mas todos podem dizer que são campeões.
> — Earvin "Magic" Johnson

No final de tudo, viriam os homens cobertos de fuligem com capacetes de mineiros. Churchill disse que alguém na multidão poderia até exclamar "onde estavam vocês durante os dias críticos da batalha?" E as vozes de dez mil homens responderiam: "Estávamos nas profundezas da terra, com nossos rostos enfiados no carvão."

Conta-se que lágrimas rolaram pelas faces daqueles homens endurecidos. E retornaram a seu trabalho inglório com incisiva determinação, depois de relembrarem o papel que estavam desempenhando no nobre objetivo de seu país de preservar a liberdade do mundo ocidental.

Este é o tipo de mentalidade necessária para se construir uma equipe. É preciso coragem e determinação para reconhecer que o objetivo é mais importante do que o papel que você desempenha. Não é nada trivial as pessoas realizarem o melhor pela equipe. Normalmente isso significa sacrificar a satisfação profissional, estatísticas individuais ou a reputação pessoal. Porém, como disse o ex-astro da NBA que se transformou em empresário, Earvin "Magic" Johnson, "Nem todos em um time de campeonato conseguem notoriedade, mas todos podem dizer que são campeões".

Como são as equipes que têm perspectiva global?

Como as pessoas começam a se tornar uma equipe mais unificada? Como as pessoas deixam de ser independentes e se tornam participantes de equipe que ilustram a Lei da Perspectiva Global? Não é algo que acontece da noite para o dia, leva tempo. Eis minha melhor receita de como iniciar o processo.

1. *Procure a perspectiva global*

Tudo começa com uma visão. Você precisa de um objetivo. Se não tiver, não poderá ter uma verdadeira equipe. O famoso apanhador de beisebol Yogi Berra fez uma brincadeira: "Se você não sabe aonde está indo, acabará em outro lugar." O indivíduo sem um objetivo pode terminar em qualquer lugar. Um grupo de pessoas sem uma meta não vai a lugar nenhum. Por outro lado, se todo o grupo adota a visão para alcançar uma perspectiva global, então as pessoas têm o potencial de se tornar uma equipe eficiente.

Os líderes normalmente têm o papel de captar e comunicar a visão. Eles devem vê-la primeiro e, então, ajudar todos a vê-la. Foi isso o que Winston Churchill fez quando discursou aos mineiros de carvão durante a guerra. Martin Luther King Jr. fez o mesmo quando contou seu sonho às pessoas nas escadarias do Monumento a Lincoln em Washington D.C. Jack Welch, ex-dono da General Electric, fez isso quando disse a seu pessoal que qualquer divisão da GE que não pudesse ser a primeira ou a segunda no mercado, não faria parte da GE. As pessoas de uma equipe se sacrificarão e trabalharão juntas somente se puderem ver para que estão trabalhando. Se você é o líder da sua equipe, seu papel é fazer aquilo que só você pode fazer: mostrar a perspectiva global a seu pessoal. Sem a visão, eles não desejarão alcançar a meta.

2. *Avalie a situação*

Uma das vantagens de visualizarmos a perspectiva global é a de que isso ajuda a identificar a que distância estamos de alcançá-la. Para uma pessoa determinada a fazer tudo sozinha, enxergar o fosso entre o que existe e o que poderia existir geralmente intimida. Contudo, para as pessoas que vivem para montar equipes, ver o tamanho da tarefa adiante não as preocupa. Elas não fogem do desafio, mas aproveitam a oportunidade. Mal podem esperar para reunir uma equipe e planejar um meio de alcançar aquela visão.

Em uma reunião conjunta das três divisões do grupo INJOY, o diretor-executivo Dave Sutherland levantou-se diante de nosso pessoal e delineou alguns dos objetivos para o ano seguinte (alguns deles eram enormes). Durante esse processo, Dave disse: "Algumas pessoas percebem o tamanho da meta e ficam assustadas. Isto não me incomoda nem um pouco. Nós já temos uma grande equipe. Para chegarmos ao próximo nível, precisamos apenas de mais algumas pessoas semelhantes às que já temos." Esta é a mentalidade de um formador de equipes!

3. Prepare os recursos necessários

Hawley R. Everhart acredita que "não há problema em pensar alto se você tem munição suficiente". Os recursos são exatamente isto: munição para ajudá-lo a alcançar seu objetivo. Não importa em que tipo de equipe você está. Você não pode progredir sem o apoio dos equipamentos adequados, das instalações, dos fundos e assim por diante, seja seu objetivo escalar uma montanha, conquistar um mercado ou criar um ministério. Quanto melhor estruturada for uma equipe, menores distrações os membros da equipe terão ao tentarem alcançar seu objetivo.

4. Convoque os membros adequados

Quando a questão é construir uma equipe de sucesso, os participantes são tudo. Você pode ter uma visão bem clara, um plano definido, recursos abundantes e uma incrível liderança, mas se não tiver as pessoas certas, não alcançará nada (falaremos mais sobre isso em diversas outras leis). Você pode perder com bons membros, mas nunca ganhará com membros ruins.

5. Esqueça agendas pessoais

Equipes vencedoras têm participantes que repetidamente perguntam a si mesmos: "O que é melhor para os demais?" Eles sempre colocam de lado suas agendas pessoais pelo bem da equipe. Seu lema pode ser expresso pelas palavras de Ray Kroc, fundador do McDonald's, que disse: "Nenhum de nós é mais importante que o resto de nós."

Uma marcante história do esporte foi o sucesso da equipe feminina de futebol dos EUA. Elas ganharam a medalha de ouro olímpica e a Copa do Mundo no espaço de poucos anos. Uma das principais jogadoras daquela equipe foi Mia Hamm. Em seu livro *Go for the Goal*, ela apresenta seu ponto de vista e a atitude que uma jogadora precisa ter para alcançar o objetivo de se tornar uma campeã:

> Nenhum de nós é mais importante que o resto de nós.
> — Ray Kroc

O futebol não é um esporte individual. Não marco todos os gols, e aqueles que realmente marco normalmente são o resultado do esforço de toda a equipe. Não mantenho a bola fora da rede no outro lado do campo. Não sou eu quem planeja as táticas do jogo. Não lavo nossos uniformes (tudo bem, às vezes faço isso!) e não faço reservas aéreas. Sou um membro da equipe e confio no time. Submeto-me a ele e me sacrifico por ele, pois o verdadeiro campeão é o time, e não o indivíduo.

Mia Hamm compreende a Lei da Perspectiva Global. Ao fazer tudo o que pôde para ajudar sua equipe — inclusive lavar os uniformes — demonstrou que o objetivo era mais importante do que o papel desempenhado por ela.

6. Dê um passo rumo a um nível mais elevado

Somente quando os membros se unem e abdicam de suas agendas a equipe pode subir a um nível mais elevado. Esse é o tipo de sacrifício exigido no trabalho em equipe. Infelizmente, algumas pessoas preferem se apegar a seus propósitos e perseguirem os caminhos de seus próprios egos inflados, em vez de deixá-los de lado para alcançar algo muito maior que elas mesmas.

É exatamente como disse o filósofo Friedrich Nietzsche: "Muitos teimam em seguir pelo caminho que escolheram e poucos buscam o objetivo." Isso é lamentável, pois as pessoas que pensam somente em si mesmas perdem a perspectiva global. Como resultado, seu potencial não é usado e as pessoas que dependem delas terminam desapontadas.

Submeta seu papel para o sucesso da equipe

O presidente Abraham Lincoln comentou certa vez: "Quase todas as pessoas podem suportar a adversidade, mas se você quiser testar o caráter de um homem, dê-lhe poder." Poucos têm mais poder do que um presidente dos Estados Unidos. Ser chamado de líder do mundo livre pode alterar a mente de uma pessoa. Mas esse não foi o caso de Jimmy Carter. Se examinarmos sua carreira — desde o tempo em que ele fez parte da direção de escola até seu mandato na Casa Branca, e além disso — percebe-se que ele sempre esteve disposto a assumir qualquer papel para alcançar o objetivo em que acreditasse. Ele sempre aceitou a importância da perspectiva global.

Possivelmente não existe exemplo mais vivo da Lei da Perspectiva Global na vida de Carter do que seu trabalho com a Habitat for Humanity. A Habitat foi oficialmente fundada por Millard e Linda Fuller, em 1976, embora ambos já estivessem trabalhando a ideia havia anos, primeiramente nos Estados Unidos e depois em outros países. O objetivo da organização é enorme: eliminar as habitações pobres e a falta de moradia do mundo.

No final da década de 1970 e no começo dos anos 1980, eles começaram sua audaciosa empreitada. Depois de seis anos, haviam construído casas em países como México, Zaire e Guatemala. Nos Estados Unidos, tinham associados construindo casas em San Antonio, Texas; Americus, Geórgia; Johns Island, Carolina do Sul; e em outros lugares como Flórida e os Apalaches. Havia condições de construírem em muitas outras cidades, mas o processo era uma luta. Descobriram uma fórmula de sucesso para cumprir seu objetivo: oferecer a posse das propriedades às pessoas mais necessitadas que pudessem pagar pequenas quantias, construir casas de baixo custo usando trabalho voluntário, envolver o futuro dono da moradia no processo de construção e gerar empréstimos sem juros para financiar as casas. Foi uma ideia inspirada que se tornava popular. Contudo, para convencer o mundo conforme desejavam, os Fuller sabiam que precisavam levar a Habitat a um patamar mais elevado.

De sua sede na cidade de Americus, ao sul da Geórgia, os Fullers vislumbraram uma possibilidade. A quinze quilômetros de distância, na pequena cidade de Plains, havia um homem que poderia ajudá-los: Jimmy Carter. O ex-presidente americano havia discursado em alguns eventos da Habitat. Logo depois do discurso de Carter, em 1983, Millard Fuller teve a ideia de introduzir Carter na assistência do projeto. Estabeleceram contato no início de 1984. Quando Carter disse que estava muito interessado na Habitat for Humanity, Fuller decidiu audaciosamente propor-lhe uma lista de quinze possíveis atividades que o ex-presidente poderia assumir, esperando que ele concordasse com uma ou duas. Sua lista incluía atividades como atuar na direção da Habitat, estabelecer contatos nos meios de comunicação, ajudar no levantamento de recursos, produzir um vídeo de trinta minutos e trabalhar junto a uma equipe de construção durante um dia.

Para surpresa de Fuller, Carter não concordou apenas em realizar um ou dois itens da lista. Ele concordou com tudo naquele papel. Ironicamente, a tarefa que mais atraiu a atenção do público foi a disposição de Carter em trabalhar junto à equipe de construção e bater um martelo para construir uma casa. No princípio, as pessoas pensaram que Carter faria uma breve visita apenas para algumas fotos publicitárias. Mas o ex-presidente reuniu uma equipe de trabalho, viajou com eles no ônibus da Trailways para o canteiro de obras no Brooklin, Nova York, trabalhou tenazmente todos os dias de uma semana e dormiu no porão de uma igreja com todos os demais. Essa primeira atividade aconteceu em 1984. Carter formou uma equipe e trabalhou do mesmo modo todos os anos desde então. A dedicação de seu trabalho atraiu pessoas de todos os campos para serviços semelhantes.[1]

Um objetivo compartilhado

A Habitat for Humanity é ideia original dos Fuller e seu sucesso é o resultado dos esforços de centenas de milhares de pessoas ao redor do mundo.² Mas foi Jimmy Carter quem colocou a organização no mapa. Seu serviço altruísta inspirou pessoas ricas e pobres, famosas e desconhecidas, poderosas e não tão importantes a verem o enorme desafio de ajudar pessoas do nível mais baixo da sociedade, proporcionando-lhes um lugar digno de viver. Ele os motivou a se envolverem.

Desde então, a Habitat e seus voluntários já construíram mais de cem mil casas, abrigando mais de meio milhão de pessoas por todos os lugares do mundo. Por quê? Porque tal como Carter, queriam fazer parte de algo maior do que eles próprios. Eles compreenderam que o objetivo era mais importante que o papel que desempenhavam. Adotaram a verdade da Lei da Perspectiva Global.

Pensamento de equipe

Quando você visualizar a perspectiva global corretamente, servirá à equipe mais rapidamente.

Tornando-se um membro de equipe melhor

Qual objetivo em sua vida é maior que você? Você está participando atualmente de algo maior que você mesmo? Se não está, reserve um tempo para refletir sozinho sobre seus objetivos e prioridades. Se você está tentando alcançar algo grandioso, então pergunte a si mesmo o que está disposto a fazer para realizar isso. Você está disposto a assumir um papel subordinado se for necessário para o bem da equipe, como fez o presidente Carter? Se não está, você pode se tornar um obstáculo para o sucesso da equipe.

Tornando-se um líder de equipe melhor

Pense numa equipe da qual você faça parte atualmente (de preferência, uma que tenha um objetivo grandioso). Que tipo de atitude têm os membros da equipe quando se trata da perspectiva global? Eles são participantes que desejam fazer o que for necessário para que a equipe seja bem-sucedida? Ou desejam simplesmente beneficiar a si mesmos?

Comece a incentivar uma mentalidade de equipe nos demais, moldando uma disposição de servir à perspectiva global em vez de a si mesmos. Então, pense nas maneiras pelas quais você pode ajudar seus colegas de equipe a adotarem a Lei da Perspectiva Global.

Motive as pessoas descrevendo a perspectiva global. Elogie a equipe publicamente. Recompense as pessoas que se sacrificam pelo bem da equipe.

3. A Lei do Nicho

Todos os participantes têm um lugar em que contribuem mais

No dia 26 de janeiro de 2001, os Estados Unidos viveram um momento histórico. Um afro-americano assumiu o posto de Secretário de Estado, o mais alto posto de gabinete do governo dos Estados Unidos. O homem que assumiu esse cargo foi Colin Powell. O colunista Carl Rowan fez o seguinte comentário com relação a essa indicação: "Para entender a importância da ascensão de Powell a esse posto extremamente difícil e criterioso, você deve levar em conta que, há apenas uma geração, havia uma regra não escrita que dizia que, no campo dos assuntos internacionais, os negros poderiam servir apenas como embaixadores na Libéria ou ministros nas Ilhas Canárias."

A indicação de Powell foi notável, não apenas por ser algo inovador. Foi significativa porque, falando de modo simplista, Colin Powell era a melhor pessoa em toda a nação para assumir o cargo de Secretário de Estado. George W. Bush, o presidente que o indicou, fez a seguinte afirmação: "Neste caso, não conheço pessoa melhor que Colin Powell para ser o rosto e a voz da diplomacia americana", citando seu discurso objetivo, sua elevada "integridade, seu profundo respeito por nossa democracia e o senso de responsabilidade digno de um soldado".[1] Bush reconhece que todos os participantes têm um lugar em que contribuem mais. O lugar de Powell é a direção do Departamento de Estado. É a Lei do Nicho.

Um lugar para ele

O senso de responsabilidade digno de um soldado tem sido uma parte essencial no caráter de Colin Powell desde quando ele tinha vinte anos. Tendo amadurecido tardiamente, Powell ingressou na faculdade sem saber o que realmente queria fazer de sua vida. Mas não levou muito tempo para que encontrasse sua identidade. Isso aconteceu em uma unidade do Corpo de Treinamento de Oficiais da Reserva (ROTC) chamada Pershing Rifles no City College de Nova York. Foi ali que, pela primeira vez em sua vida, descobriu um verdadeiro trabalho em equipe. No livro *My American Journey*, Powell escreveu:

> Minha experiência no colegial, nas equipes de basquete e de corrida, além de uma breve passagem pelo escotismo, nunca produziram em mim a sensação de ser parte de alguma coisa, nem geraram amizades duradouras. O Pershing Rifles fez isso. Pela primeira vez em minha vida eu era membro de uma irmandade... Eu almejava a disciplina, a estrutura, o coleguismo, a sensação de ser parte de alguma coisa. Tornei-me um líder quase imediatamente. Encontrei um altruísmo entre os membros daquele grupo que me fez lembrar a atmosfera afetiva de minha família. Nem a raça, a cor, classe ou renda significavam alguma coisa. Os PRs (Pershing Rifles) iriam ao limite uns pelos outros e pelo grupo. Se isso era ser um militar, então eu talvez quisesse ser um soldado.

Quando concluiu a faculdade, não havia dúvidas em sua mente. Ele optou com satisfação pela vida militar.

Não foi uma jornada comum

Já no Exército, Powell parecia ter sucesso em todo lugar que ia e rapidamente progrediu na carreira militar. Adorava comandar tropas e, quando recebia essas tarefas, executava-as muito bem. Contudo, era constantemente impedido de realizar tarefas especiais e de assumir outras responsabilidades. Quando isso começou a ocorrer com grande frequência, impedindo-o de liderar os soldados no campo, Powell ficou frustrado. Mas um de seus conselheiros, o general John Wickham, disse sabiamente: "Você não terá uma carreira militar convencional. Alguns oficiais simplesmente não foram feitos para isso."

Wickham estava certo. A carreira de Powell foi realmente incomum, e basicamente o preparou para um posto de gabinete, aperfeiçoando seus talentos e proporcionando-lhe uma vasta experiência. Como oficial da infantaria que viajou por todo o globo (incluindo duas vezes ao Vietnã), Powell aprendeu sobre comando e liderança. Seu trabalho com soldados o ensinou a se comunicar e a relacionar-se com as pessoas. Como membro da Casa Branca, revelou-se à política americana e às autoridades mundiais pela primeira vez. Além de sua interação com oficiais americanos de alta patente, encontrou-se com líderes do Japão, da União Soviética, da China, da Polônia, da Bulgária e da Alemanha Ocidental.

Powell subiu a um nível completamente novo em seu cargo no Pentágono durante as administrações dos presidentes Carter e Reagan. Foi ali que aprendeu a trabalhar com funcionários públicos e ampliou sua compreensão da política governamental e militar. Sendo o mais importante assistente militar do Secretário de Defesa Caspar Weinberger, Powell viajou pelo mundo e adquiriu uma profunda compreensão das relações complexas entre os Estados Unidos e as potências estrangeiras.

Mas foi no gabinete do conselheiro de segurança nacional que Powell penetrou nos altos escalões. Como assistente do representante do presidente para assuntos de segurança nacional, ele acumulou uma valiosa experiência em política internacional. Na verdade, era tão competente que, quando seu chefe, Frank Carlucci, foi promovido a secretário de Defesa, Powell assumiu a posição de Carlucci como conselheiro de segurança nacional. Ali, não apenas aconselhou o presidente Reagan, como também trabalhou lado a lado com o secretário de Estado George Shultz, e enquanto o estadista negociava o tratado de armas nucleares com a União Soviética, organizou várias reuniões de cúpula entre os chefes de Estado e trabalhou com o presidente soviético Mikhail Gorbachev para finalizar a Guerra Fria.

O desempenho no comando

De que modo alguém como Colin Powell finaliza uma época de sucesso como o primeiro afro-americano a ser conselheiro de segurança nacional? Atingindo a mais alta patente militar — o general de quatro estrelas — e depois se tornando o mais jovem comandante do Estado-Maior na história da nação (ele também foi o primeiro afro-americano nesse cargo e o primeiro graduado pela ROTC). E, novamente, Powell brilhou nessa posição. Les Aspin, ex-secretário da Defesa, fez o seguinte comentário sobre Powell, depois de uma reunião na Casa Branca no governo Clinton: "Estava muito claro a todos nós que ele poderia desempenhar qualquer função naquela sala, incluindo a de presidente."[3]

Quando o presidente eleito George W. Bush propôs que se tornasse um membro de seu gabinete, havia apenas uma posição lógica para ele: o lugar em que mais poderia contribuir. Numa reunião na prefeitura, em 25 de janeiro de 2001, Powell comentou:

> Eu não sabia que retornaria ao governo quando deixei o Exército sete anos atrás e ingressei na vida particular... Porém, quando o governador Bush pediu-me que considerasse a ideia, eu já estava pronto para ela. Estava ansioso para ver se poderia ser útil novamente. Acho que ainda tenho com o que contribuir. E quando ele disse especificamente que gostaria que eu fosse para o departamento de Estado, foi como se, de uma maneira ou de outra, eu viesse me preparando para isso havia muitos, muitos anos. Meu trabalho no Pentágono, como vice-conselheiro de segurança nacional, como conselheiro de segurança nacional, chefe do Estado-Maior e sete anos de vida pessoal assistindo às mudanças do mundo, sugeriam haver algo que eu deveria fazer.[4]

O presidente Bush, seu gabinete e todos no país têm muito a ganhar com Powell. Ele não apenas é a melhor pessoa para o trabalho, como proporciona excelente credibilidade ao presidente recém-eleito e à sua equipe, diante de um eleitorado inclinado a não confiar neles. A indicação de Powell é uma prova concreta da inclusão defendida por Bush. Este é o poder da Lei do Nicho. Quando o membro certo está no lugar certo, todos se beneficiam.

Quando um participante assume o lugar de onde contribui mais, boas coisas acontecem à equipe. Mas coisas formidáveis acontecem quando todos os membros da equipe assumem o papel que otimiza suas forças, seu talento, habilidade e experiência. Este é o poder da Lei do Nicho.

Quando as pessoas estão no lugar errado

Quase todos já passaram pela experiência de estar em algum tipo de equipe na qual as pessoas tinham de assumir funções às quais não se adaptavam: um contador forçado a lidar com pessoas o dia todo; um atacante do time de basquete forçado a jogar como armador; um guitarrista tocando teclado; um professor fazendo trabalho burocrático; um cônjuge que detesta a cozinha tendo de preparar as refeições.

O que acontece a uma equipe quando um ou mais de seus membros está sempre fora de lugar? Primeiramente, o moral se desgasta, porque a equipe não está produzindo à altura de sua capacidade. Então, as pessoas ficam ressentidas. Aqueles que trabalham na área de ponto fraco se ressentem por não usar o que possuem de melhor. Outras pessoas da equipe que sabem que poderiam ocupar melhor uma posição maldistribuída, ressentem-se por suas habilidades estarem sendo desprezadas. Em pouco tempo as pessoas perdem a disposição de trabalhar em equipe. Nesse momento, a confiança de todos começa a se desgastar. A situação só tende a piorar. A equipe para de progredir e a concorrência logo toma vantagem de suas deficiências óbvias. Como resultado, a equipe nunca alcança seu potencial. Quando as pessoas não estão onde produzem bem, nada termina bem. Esta é a Lei do Nicho.

Ter as pessoas certas nos lugares certos é essencial ao desenvolvimento de uma equipe. A dinâmica da equipe muda de acordo com a colocação das pessoas:

- A pessoa errada no lugar errado = regressão
- A pessoa errada no lugar certo = frustração
- A pessoa certa no lugar errado = confusão

- A pessoa certa no lugar certo = progresso
- As pessoas certas nos lugares certos = multiplicação

Independente do tipo de equipe com que está lidando, os princípios são os mesmos. David Ogilvy estava certo ao dizer que "um restaurante bem conduzido é semelhante a um time de beisebol vencedor. Ele aproveita ao máximo o talento de cada membro da equipe e tira vantagem de cada oportunidade para acelerar o serviço". Lembrei-me da Lei do Nicho por algo que fiz alguns anos atrás. Pediram-me que escrevesse um capítulo de um livro chamado *Destiny and Deliverance* [Destino e Libertação] que tinha relação com o filme O Príncipe do Egito, da Dream Works. Foi uma experiência maravilhosa e encantadora. Durante o processo de escrita, fui convidado a ir para a Califórnia e assistir a partes do filme enquanto ele ainda estava em produção. Isso provocou em mim o desejo de realizar algo que nunca fizera antes: comparecer à estreia de um filme em Hollywood.

Meu editor conseguiu dois bilhetes para a estreia e, quando chegou a época, eu e minha esposa, Margaret, tomamos um voo para a capital do cinema. Estrelas e produtores, com muitas outras pessoas da indústria cinematográfica, compareceram àquele evento tão movimentado. Margaret e eu gostamos imensamente do filme — e de toda a experiência. Em resumo, foi o máximo.

Qualquer pessoa que já tenha ido comigo a um filme, show ou evento esportivo conhece meu estilo. Assim que me certifico do resultado final da partida, corro para a saída para evitar as multidões. Quando a plateia da Broadway está aplaudindo os atores, eu desapareço. No mesmo segundo em que os créditos começam a rolar na tela do cinema, estou fora de minha poltrona. Como O Príncipe do Egito terminava, comecei a levantar, mas ninguém no cinema se moveu. Então, algo realmente surpreendente aconteceu. Conforme os créditos passavam, as pessoas começaram a aplaudir os indivíduos menos conhecidos cujos nomes apareciam na tela: o responsável pelo figurino, o maquinista, o operador da grua, o assistente de direção. Foi um momento que jamais esquecerei — além de um lembrete perfeito da Lei do Nicho: Todos os participantes têm um lugar em que contribuem mais. Quando cada pessoa desempenha o trabalho ao qual o melhor se adapta, todos ganham.

Coloque as pessoas em seus lugares

O técnico de futebol americano Vince Lombardi fez a seguinte observação: "As realizações de uma organização são o resultado dos esforços combinados de cada indivíduo." Isto é verdade, mas uma equipe vencedora não é formada apenas de pessoas certas. Você precisa ter um grupo de pessoas talentosas, mas se cada pessoa não estiver fazendo aquilo que contribui mais para a equipe, você não alcançará seu potencial como equipe. É a arte de liderar grupos. Você precisa colocar as pessoas em seus lugares — e digo isso da maneira mais positiva possível!

Para ser capaz de colocar as pessoas nos lugares em que utilizam seus talentos e otimizam o potencial da equipe, você precisa de três coisas:

Você deve conhecer a equipe

Você não pode fundar uma equipe ou organização vencedora se não conhece sua visão de futuro, seu propósito, cultura ou história. Se você não sabe aonde a equipe está tentando ir — e por que está tentando chegar lá — não conseguirá conduzir a equipe à altura de seu potencial. Você deve começar de onde a equipe realmente está. Só então poderá levá-la a algum lugar.

Você precisa conhecer a situação

Muito embora a visão de futuro ou o propósito de uma organização possa ser bastante constante, sua situação muda com frequência. Os bons formadores de equipe sabem onde a equipe está e o que a situação exige. Quando, por exemplo, uma equipe é jovem e está apenas começando, normalmente a prioridade máxima é reunir pessoas eficientes. Porém, conforme a equipe amadurece e o talento aumenta, uma sintonia mais exata torna-se mais importante. Neste momento, o líder deve passar mais tempo associando as pessoas às suas posições.

Você precisa conhecer o membro da equipe

Parece óbvio, mas você deve conhecer as pessoas que está tentando posicionar no lugar correto. Digo isso porque os líderes tendem a querer fazer com que todos se conformem à sua imagem, e que tra-

> Quando você descobrir aquilo para o que foi feito, você dirá: não existe lugar como este, nem mesmo parecido; então, este deve ser o lugar certo!

balhem da mesma maneira e usem os mesmos métodos de resolução de problemas. Mas montar uma equipe não é trabalhar em uma linha de montagem.

À medida que você trabalha na formação de uma equipe, avalie a experiência de cada pessoa, suas habilidades, temperamento, atitude, sentimentos, habilidade com pessoas, disciplina, força emocional e potencial. Somente então você estará pronto a ajudar o membro de sua equipe a encontrar seu lugar adequado.

Comece descobrindo o lugar certo para você

Pode ser que, agora mesmo, você não esteja em condições de colocar outras pessoas nos lugares certos em sua equipe. Na verdade, você pode estar pensando: como encontro meu nicho? Se for este o caso, siga as orientações a seguir:

- *Seja confiante.* Meu amigo Wayne Schmidt diz que "nenhuma quantia de competência pessoal compensa a insegurança pessoal". Se você permitir que suas inseguranças retirem-lhe o melhor, você será inflexível e relutante a mudanças. Você precisa estar disposto a mudar para poder crescer.
- *Conheça a si mesmo.* Você não será capaz de encontrar seu nicho se não conhecer suas forças e fraquezas. Passe um tempo refletindo e explorando seus talentos. Peça que outras pessoas avaliem seu desempenho. Faça o que for necessário para remover falhas de julgamento.
- *Confie em seu líder.* Um bom líder o ajudará a mover-se na direção correta. Se não confia em seu líder, procure outro conselheiro para ajudá-lo. Ou então, junte-se a outra equipe.
- *Analise a perspectiva global.* Seu lugar na equipe faz sentido somente em relação ao contexto geral. Se sua única motivação para encon-

trar seu nicho é um ganho pessoal, sua motivação medíocre pode impedi-lo de descobrir o que deseja.
- *Confie em sua experiência*. Ao chegar neste ponto, a única maneira de saber se você descobriu seu nicho é experimentar aquilo que parece certo e aprender com seus fracassos e sucessos. Quando você descobrir aquilo para o que foi feito, seu coração se enaltece: não existe lugar como este, nem mesmo parecido; então, este deve ser o lugar certo!

Um lugar para todos e todos no seu lugar

Uma organização que luta para colocar as pessoas certas nos lugares certos são as Forças Armadas americanas. Isso é particularmente verdadeiro hoje, que a força empregada é totalmente voluntária. Se cada área do comando militar não operar com o máximo de eficiência (e interagir apropriadamente com as outras partes), então colapsos terríveis — e às vezes fatais — poderão ocorrer.

Ninguém está mais ciente disso do que um piloto de combate. Tomemos como exemplo Charlie Plumb, capitão aposentado da Marinha americana. Formado em Annapolis, serviu no Vietnã em meados da década de 60, executando 75 missões no porta-aviões USS Kitty Hawk.

Um porta-aviões é um lugar de onde se pode observar facilmente como todas as peças do quebra-cabeças militar se reúnem para mutua-mente se sustentarem. O porta-aviões normalmente é descrito como sendo uma cidade flutuante de 5.500 pessoas, uma população maior que a das cidades de onde vêm muitos dos membros daquela equipe. Deve ser autossustentável e cada um dos seus 17 departamentos deve funcionar como uma equipe realizando sua missão.

Todo piloto reconhece o esforço exigido de uma equipe para colocar um avião a jato no ar. São necessárias centenas de pessoas, utilizando dezenas de especialidades técnicas para lançar, monitorar, apoiar, aterrissar e manter uma aeronave. Um número maior de pessoas estará envolvido se a aeronave estiver se preparando para um combate. Charlie Plumb sem dúvida reconheceu que muitas pessoas trabalhavam incansavelmente para mantê-lo voando. Porém, apesar dos esforços do grupo de apoio aéreo mais bem treinado do mundo, Plumb terminou em uma prisão norte-vietnamita como prisioneiro de guerra depois que o seu F-4 Phantom foi abatido em 19 de maio de 1967, durante sua 75ª missão.

Plumb foi mantido prisioneiro por quase seis extenuantes anos, parte dos quais no abominável Hanói Hilton. Durante aqueles anos, ele e seus companheiros de prisão foram humilhados, enfraquecidos pela fome, torturados e forçados a viver em condições miseráveis. Apesar de tudo, ele não permitiu que essa experiência o destruísse. Hoje ele diz: "Nossa união através da fé em Deus e nosso amor pela pátria foram a grande força que nos manteve em condições de suportar tempos muito difíceis."

O ponto de mutação

Plumb foi libertado de sua prisão em 18 de fevereiro de 1973 e continuou sua carreira na Marinha. Porém, um incidente, ocorrido anos depois de seu retorno aos Estados Unidos, marcou sua vida tão profundamente quanto seu aprisionamento. Certo dia, ele e sua esposa, Cathy, estavam almoçando num restaurante quando um homem chegou até sua mesa e disse:

— Você é Plumb. Pilotou bombardeiros no Vietnã.

— Isso mesmo — disse Plumb. — Fui piloto, sim.

— Era o esquadrão 114 do Kitty Hawk. Você foi abatido. Caiu de paraquedas nas mãos dos inimigos — continuou o homem. — Passou seis anos numa prisão.

O ex-piloto estava perplexo. Ele olhava para o homem, tentando identificá-lo, mas não conseguia.

— Pelos céus, como sabe de tudo isso? — finalmente perguntou Plumb.

— Eu dobrei o seu paraquedas.

Plumb ficou atordoado. Tudo o que conseguiu fazer foi levantar-se com esforço e apertar a mão daquele homem.

— Devo lhe dizer — falou finalmente Plumb — que fiz muitas orações de agradecimento pela agilidade de seus dedos, mas jamais pensei que teria oportunidade de agradecer-lhe pessoalmente.[5]

O que teria acontecido se a Marinha houvesse colocado a pessoa errada na posição do dobrador de paraquedas, um trabalho anônimo e raramente reconhecido, levado a cabo por aquele homem durante a guerra do Vietnã? Charlie Plumb não teria percebido até que fosse tarde demais. Nem mesmo saberíamos onde teria ocorrido o acidente, porque Plumb não teria sobrevivido para contar a história.

Hoje, Charlie Plumb é um orador motivacional em quinhentas empresas presentes na revista *Fortune*, em agências governamentais e outras organizações. Ele geralmente conta a história do homem que dobrou seu paraquedas e usa isso para passar a mensagem do trabalho em equipe. Ele diz: "Num mundo onde o downsizing (redução de funcionários) nos força a fazer mais com menos, devemos capacitar as equipes. 'Dobrar os paraquedas dos outros' pode fazer a diferença à sobrevivência, tanto à sua quanto a de sua equipe!"[6]

Esta é apenas outra maneira de comunicar a Lei do Nicho. Você está dobrando os paraquedas de seus colegas de equipe? Ou opera a menos de 100%? Todos os participantes têm um lugar em que contribuem mais. Quero encorajá-lo a certificar-se de que você encontrou o seu.

Pensamento de equipe

Você é mais valioso no lugar em que contribui mais.

Tornando-se um membro de equipe melhor

Você já encontrou seu nicho? Ao cumprir suas responsabilidades, você pensa em algo como não existe lugar como esse, nem mesmo parecido; portanto, este deve ser o lugar certo!? Se é assim, mantenha o rumo e continue crescendo e aprendendo em sua área de conhecimento. Se não é, você precisa entrar nos trilhos.

Se você sabe qual é seu nicho, mas não trabalha nele, comece a planejar uma transição. Pode ser tão simples como alterar algumas rotinas ou tão complexo quanto mudar de carreira. Não importa se isso vai exigir seis semanas ou seis anos: você precisa de um plano de transição e de um cronograma para cumpri-lo. Quando você estiver certo de qual é sua direção, tenha a coragem de dar o primeiro passo.

Se você não tem ideia do que deveria estar fazendo, precisa fazer algumas pesquisas. Converse com seu cônjuge ou amigos próximos sobre seus pontos fracos e fortes. Peça uma avaliação a seu líder. Faça testes de personalidade ou temperamento. Procure temas recorrentes em sua vida. Tente articular o propósito da sua vida. Faça o que for preciso para encontrar pistas que indiquem o que você deveria estar fazendo. Então tente coisas novas relacionadas às suas descobertas. A única maneira de encontrar seu nicho é ganhar experiência.

> Uma marca de um grande líder de equipe é a capacidade de colocar as pessoas em seus lugares.

Tornando-se um líder de equipe melhor

Uma marca de um grande líder de equipe é a capacidade de colocar as pessoas em seus lugares. Utilize as orientações deste capítulo — conhecer a equipe, a situação e os membros da equipe — para começar a aperfeiçoar seu processo de colocação. E lembre-se disto: para ajudar as pessoas a alcançarem seu potencial e otimizarem sua eficiência, retire-as da comodidade, mas nunca de sua área de habilidades. Retirar as pessoas para outro lugar fora de seus talentos leva à frustração, mas motivar as pessoas para saírem de sua área de conforto leva à satisfação.

4. A LEI DO MONTE EVEREST

Quanto maior o desafio, maior é
a necessidade de se trabalhar em equipe

Em 1935, o jovem Tenzing Norgay, de 21 anos, fez sua primeira excursão ao monte Everest. Ele trabalhava como carregador para uma equipe inglesa de montanhistas. Como era um sherpa, nascido nas grandes altitudes do Nepal, Tenzing fora arrastado às montanhas na época em que os ocidentais começaram a visitar a área com a ideia de escalar até o topo daqueles montes. O primeiro grupo chegou em 1920. Quinze anos depois, os alpinistas ainda tentavam imaginar como conquistar aquela montanha.

O máximo que aquela expedição chegaria era à Passagem Norte, a uma altitude de 6.600 metros (as passagens do monte Everest são áreas planas que se formam entre alguns picos). E foi pouco abaixo desse ponto que a expedição de alpinistas fez uma descoberta horrível. Encontraram uma tenda retalhada pelo vento. Dentro daquela tenda havia um esqueleto com uma pele fina congelada e esticada sobre os ossos. Estava sentado numa posição estranha, com uma bota fora dos pés e os cordões da outra entre os dedos do pé.

O lugar mais rigoroso do planeta

Escalar montanhas não é para aqueles de coração frágil, pois os picos mais altos do planeta são também os lugares mais inóspitos da terra.

É claro que isso não impede que as pessoas tentem conquistar as montanhas. Em 1786, os primeiros alpinistas chegaram ao cume da montanha mais alta da Europa, o monte Branco, na França. Foi uma façanha extraordinária. Mas há uma grande diferença entre escalar o monte mais alto nos Alpes, com 4.807 metros, e atingir o cume do Everest, o pico mais alto do mundo, com seus 8.848 metros de altitude, especialmente naqueles dias anteriores aos equipamentos de alta tecnologia. O Everest é isolado, a altitude permite que apenas os alpinistas mais rijos e experimentados cheguem até lá e as condições climáticas são implacáveis. Os especialistas acreditam que os corpos de 120 alpinistas permanecem na montanha até hoje.[1]

O corpo que Tenzing e os demais encontraram em 1935 era o de Maurice Wilson, o inglês que se aventurou pelo Tibete e tentou escalar a montanha secretamente, sem a permissão do governo tibetano. Por estar tentando subir discretamente, contratara apenas três carregadores para escalar a montanha com ele. Conforme se aproximava da Passagem Norte, aqueles homens se recusavam a ir adiante com ele. Wilson decidiu tentar fazer a escalada sozinho. Essa decisão custou-lhe a vida.

Analise o custo

Somente quem escalou uma formidável montanha sabe o que é necessário para chegar até o topo. Por 32 anos, entre 1920 e 1952, sete grandes expedições tentaram chegar ao topo do monte Everest — e fracassaram. Tenzing Norgay participou de seis daquelas expedições, assim como em diversas grandes escaladas em outras montanhas. Seus companheiros de escalada diziam que ele tinha um terceiro pulmão, devido a sua habilidade de escalar incansavelmente enquanto carregava pesados fardos. Tornou-se respeitado e aprendeu muito. A maior lição foi a de que ninguém deve subestimar a dificuldade da escalada. Ele viu diversas pessoas fazerem isso e tal atitude custou-lhes a vida.

Em uma escalada, por exemplo, quando as condições se tornam difíceis, Tenzing e os outros sherpas colocam grampos em seus sapatos (cravos fixados às botas de alpinismo). George Frey, um montanhista experiente, optou por não usar esse equipamento por considerar que não havia necessidade. Ele escorregou e morreu na queda de trezentos metros. Tenzing sentiu muito pela morte daquele homem, mas sua visão foi realista. Ele escreveu o seguinte sobre os alpinistas descuidados: "Tal como muitos homens antes deles, não levaram a montanha a sério e, assim, tiveram de pagar o preço."[2]

Não é um passeio no parque

Em 1953, Tenzing embarcou em sua sétima expedição ao monte Everest com um grupo de ingleses liderado pelo coronel John Hunt. Naquela época, ele era respeitado não apenas como carregador que podia levar cargas pesadas até altitudes elevadas, mas também como um alpinista e membro experiente da expedição, uma reputação incomum naquela época para um sherpa. No ano anterior, ele havia atingido a altitude de 8.588 metros com uma equipe suíça. Até então, isso foi o mais próximo que um ser humano havia chegado do topo daquela montanha.

Tenzing também havia sido encarregado de ser o chefe da expedição britânica para aquela viagem, fazendo o papel do líder sherpa que contrataria, organizaria e lideraria os carregadores naquela jornada. Não era uma tarefa trivial. Na esperança de conseguir que duas pessoas chegassem da base ao cume do monte, a equipe trouxe dez alpinistas de grandes altitudes, entre eles um neozelandês chamado Edmund Hillary. Ao todo, a equipe requeria 2,5 toneladas de equipamentos e alimentação. Aqueles suprimentos não poderiam ser levados de caminhão ou de avião para a base da montanha. Eles precisavam ser entregues em Katmandu e carregados por homens e mulheres por cerca de 280 quilômetros, descendo e subindo as encostas do Himalaia, cruzando rios em pontes de cordas, até chegarem à base da expedição. Tenzing precisava contratar entre duzentas e trezentas pessoas apenas para levar suprimentos até as proximidades da montanha.

Os suprimentos exigidos pela parte que subiria a partir da base precisavam ser carregados montanha acima por outros quarenta carregadores, sendo cada um deles um sherpa com vasta experiência na montanha. Apenas 30% deles — os melhores, é claro — continuariam a subir a montanha, carregando cerca de trezentos quilos de equipamentos em fardos de dez quilos cada. Somente Tenzing e outros três carregadores tinham a força e a habilidade necessárias para chegar aos acampamentos mais elevados, próximos ao cume.

Isto exige uma equipe

Para cada nível alcançado pelos alpinistas, um grau ainda mais alto de trabalho em equipe era exigido. Um grupo de homens ficaria exausto apenas por levar os equipamentos montanha acima para o próximo grupo. Equipes de dois homens abriam caminho pela montanha, descobrindo uma trilha, encurtando distâncias, verificando as cordas. Neste ponto, eles teriam concluído sua tarefa, tendo se desgastado para permitir que a próxima etapa da escalada fosse possível para outra equipe. Tenzing fez o seguinte comentário acerca do trabalho em equipe envolvido:

> Você não pode escalar uma montanha como o Everest tentando correr na frente sozinho ou competindo com seus colegas. Você faz isso vagarosamente e com muito cuidado, com a ajuda de uma equipe prestativa. Certamente gostaria de chegar ao topo sozinho. Havia sonhado com isso toda minha vida. Porém, se a sorte premiasse outra pessoa, eu aceitaria isso como um homem, não como uma criança chorona. É a lei da montanha?[3]

Usando a "lei da montanha", a equipe de alpinistas criou as condições para que duas duplas de homens tentassem alcançar o cume. A primeira dupla era composta por Tom Bourdillon e Charles Evans. Quando eles tentaram e falharam, a outra equipe teve sua chance. Esta nova dupla era composta por Tenzing e Edmund Hillary. Comentando sobre a primeira dupla, Tenzing escreveu o seguinte:

> Eles estavam completamente desgastados, doentes pela exaustão e, naturalmente, terrivelmente desapontados pelo fato de não terem alcançado o cume sozinhos. Ainda assim, fizeram tudo o que foi possível para nos aconselhar e nos ajudar. Eu pensei: "Sim, é assim que as coisas acontecem na montanha. É assim que uma montanha torna os

homens grandes." Onde estaríamos — eu e Hillary — se não fossem os outros? Sem os alpinistas que haviam feito a rota e os sherpas que tinham carregado os suprimentos? Sem Bourdillon e Evans, Hunt e Da Namgyal, que haviam limpado o caminho à frente? Sem Lowe e Gregory Ang Hyima, Ang Tempra e Penba, que estavam ali apenas para nos ajudar? Somente por causa do trabalho e do sacrifício de todos eles tínhamos, agora, a chance de chegar ao topo.[4]

Eles aproveitaram ao máximo sua oportunidade. Em 29 de maio de 1953, Tenzing Norgay e Edmund Hillary conseguiram aquilo que nenhum outro homem fizera antes: ficaram em pé no cume do monte Everest, o pico mais alto do mundo!

Tenzing e Hillary chegaram lá sozinhos? A resposta é não. Poderiam ter feito tudo isso sem uma grande equipe? Novamente, a resposta é não. Por quê? Porque quanto maior o desafio, maior é a necessidade de se trabalhar em equipe. Esta é a Lei do monte Everest.

Qual é o seu Everest?

Você pode não ser um alpinista e pode não ter nenhuma vontade de alcançar o topo do Everest. Mas aposto que tem um sonho. Digo isso com confiança porque, bem lá no fundo, todos têm um — até mesmo as pessoas que ainda não descobriram qual é o seu. Se você tem um sonho, precisa de uma equipe para realizá-lo.

De que maneira você encara a tarefa de reunir uma equipe para realizar seu sonho? Creio que a melhor maneira de começar é fazer a você mesmo três perguntas:

1. Qual é o meu sonho?

Tudo começa com esta pergunta porque sua resposta revela o que pode ser. Robert Greenleaf comentou que "nada acontece sem um sonho. Para que algo realmente grande aconteça, é necessário um grande sonho".

O que existe em seu coração? O que vê como uma possibilidade para sua vida? O que você gostaria de realizar durante seu tempo aqui neste mundo? Somente um sonho vai lhe responder essas coisas. Como escreveu Langston Hughes:

Apegue-se rapidamente aos seus sonhos pois os sonhos morrem.
A vida é uma ave de asa quebrada que não pode voar.
Apegue-se rapidamente a seus sonhos porque eles se vão.
E a vida é um campo estéril congelado pela neve.

Se você quer fazer algo grande, então você deve ter um sonho. Mas um sonho não é suficiente. Você poderá realizar um sonho somente se fizer parte de uma equipe.

2. Quem faz parte da minha equipe?

A segunda pergunta diz o que é. Ela mensura sua situação atual. Seu potencial é tão bom quanto o de sua equipe atual. Por isso é necessário examinar quem está se juntando a você em sua jornada. Um alpinista como Maurice Wilson, com apenas três companheiros medrosos, nunca foi capaz de realizar seu sonho de escalar a montanha. Contudo, alguém como Tenzing Norgay, que sempre escalou o Everest com os melhores montanhistas do mundo, foi capaz de chegar ao topo. Um grande sonho com uma equipe ruim nada mais é do que um pesadelo.

> Sua equipe deve ter o tamanho de seu sonho.

3. Como deve ser a equipe dos meus sonhos?

A verdade é que sua equipe deve ter o tamanho de seu sonho. Se não for assim, você não o realizará. Você simplesmente não pode realizar um sonho nota dez com uma equipe nota quatro. Ele simplesmente não acontece. Se você quer escalar o monte Everest, então precisa de uma equipe do tamanho do monte Everest. Não há outro modo de fazê-lo. É melhor uma grande equipe com um sonho pequeno do que um sonho grande com uma equipe pequena.

Concentre-se na equipe, não no sonho

Um erro que vejo as pessoas cometerem constantemente é concentrar muita atenção no sonho e pouca na equipe. A verdade é que, se você construir a equipe correta, o sonho vai praticamente cuidar de si mesmo sozinho.

Cada sonho traz seus próprios desafios. O tipo de desafio determina o tipo de equipe que você precisa formar. Considere alguns exemplos:

Tipo de desafio	Tipo de equipe necessária
Desafio novo	Equipe criativa
Desafio controverso	Equipe unida
Desafio variável	Equipe rápida e flexível
Desafio desagradável	Equipe motivada
Desafio diversificado	Equipe complementar
Desafio de longo prazo	Equipe determinada
Desafio tamanho Everest	Equipe experiente

Se você quer realizar seu sonho — quero dizer, realmente realizá-lo, não apenas imaginar como poderia ser — então crie sua equipe. Porém, ao fazer isso, tenha certeza de que as suas motivações estão corretas. Algumas pessoas reúnem uma equipe apenas para beneficiarem a si mesmas. Outras o fazem porque gostam da experiência de ter uma equipe e querem criar uma atmosfera comunitária. Há ainda outras que o fazem porque querem construir uma organização. O divertido sobre todas essas razões é que, se você estiver motivado por todas, sua vontade de formar uma equipe provavelmente vem do desejo de querer contribuir para todos os componentes da equipe. Mas, se o seu desejo de montar uma equipe vem como resultado de somente uma dessas razões, você provavelmente precisa examinar a sua motivação.

> Muitas pessoas concentram muita atenção no sonho e pouca na equipe.

Como desenvolver a equipe

Quando a equipe que você tem não é compatível com a equipe dos seus sonhos, você tem apenas duas escolhas: desistir do seu sonho ou desenvolver sua equipe. Veja a seguir minhas recomendações no que se refere à segunda opção.

1. Desenvolva os membros da equipe

O primeiro passo a dar em relação a uma equipe que não está percebendo seu potencial é ajudar individualmente os membros do grupo a se desenvolverem. Se você está liderando a equipe, uma de suas mais importantes responsabilidades é ver o potencial que as pessoas não percebem em si mesmas e extraí-lo. Quando conseguir fazer isso, estará cumprindo seu papel de líder.

> Quando a equipe que você tem não é compatível com a equipe dos seus sonhos, então você tem apenas duas escolhas: desistir do seu sonho ou desenvolver sua equipe.

Pense nas pessoas de sua equipe e determine o que elas precisam, tomando como base as categorias a seguir:

- Iniciante entusiasmado — precisa de orientação.
- Aprendiz desiludido — precisa de treinamento.
- Executor cauteloso — precisa de apoio.
- Empreendedor autoconfiante — precisa de responsabilidade.

Sempre promova uma chance de crescer e produzir às pessoas que já estão em sua equipe. Foi isso que o antigo explorador britânico Eric Shipton fez com um garoto jovem e inexperiente chamado Tenzing em 1935. Dezoito anos mais tarde, seu país foi recompensado com uma escalada bem-sucedida ao pico mais alto do mundo.

2. Inclua pessoas com talento

Mesmo que ofereça uma chance de aprendizado e desenvolvimento às pessoas de sua equipe, e todas aproveitem ao máximo suas oportunidades, talvez você descubra que ainda falta o talento necessário para realizar seu sonho. Nesta hora torna-se necessário recrutar talentos. Há momentos em que a única coisa que um time precisa é de uma pessoa com talento em determinada área para fazer a diferença entre o sucesso e o fracasso (falarei mais sobre isso na Lei da Reserva).

3. Mude a forma de liderança

Os vários desafios de uma equipe exigem diferentes tipos de liderança. Se a equipe possui os talentos adequados, mas ainda não está crescendo, às vezes o melhor a fazer é pedir que alguém da equipe que já tenha sido um seguidor assuma o papel de liderança. Esta transição pode acontecer apenas por um pequeno período de tempo ou ser permanente.

> O desafio do momento com frequência determina o líder adequado.

O desafio do momento com frequência determina o líder adequado. Por quê? Porque todas as pessoas da equipe têm potenciais e fraquezas que surgem durante as tarefas. Este foi o caso da equipe que escalou o Everest em cada uma das etapas da jornada. O coronel Hunt escolheu os alpinistas e liderou a expedição, fazendo previsões, modelando um trabalho sem interesses egoístas e tomando decisões cruciais em relação a quem assumiria cada parte. Tenzing escolheu os carregadores, liderou, organizou e motivou todos eles a construírem os acampamentos em cada estágio da escalada. Os grupos de alpinistas se revezaram na liderança, abrindo caminho montanha acima, de forma que Hillary e Tenzing puderam fazer a escalada final até o topo. Diante de cada desafio surgia um líder capaz de enfrentá-lo. Todos trabalharam juntos, fazendo cada um a sua parte.

Se sua equipe está enfrentando um grande desafio e parece que não está fazendo nenhum progresso "rumo ao topo da montanha", pode ser a hora de mudar a liderança. Pode haver alguém na equipe mais capaz de liderar durante essa temporada (saiba mais lendo sobre os mitos da cabeceira da mesa e da mesa redonda na Lei da Vantagem).

4. Remova os membros ineficientes

Às vezes, um membro de uma equipe pode transformar um time vencedor numa equipe perdedora, seja por falta de habilidade ou por uma atitude errada. Nesses casos, você deve colocar a equipe em primeiro lugar e fazer as mudanças necessárias visando ao bem maior.

Tenzing enfrentou uma situação semelhante na expedição de 1953 ao Everest. Durante os primeiros dias da viagem, houve várias explosões de ânimo entre os carregadores e os membros da equipe britânica de alpinistas. Na posição de chefe de equipe, Tenzing sempre intermediava para tentar fazer as coisas funcionarem. Depois de repetidas negociações de paz entre as duas partes, Tenzing descobriu que a fonte dos problemas eram dois sherpas que sempre incentivavam a dissensão. Ele prontamente despediu-os e mandou-os para casa. A paz foi rapidamente restabelecida. Se sua equipe está constantemente se dividindo ou deixando de atingir seu objetivo, talvez algumas mudanças sejam necessárias.

Fazer uma equipe crescer é uma atividade que exige muito e consome bastante tempo. Porém, se você deseja realizar seu sonho, não tem outra escolha. Quanto maior for o sonho, maior deverá ser a equipe. Quanto maior o desafio, maior é a necessidade de se trabalhar em equipe. Esta é a Lei do monte Everest.

Nem todo desafio é um sonho

Os desafios que nossas equipes enfrentam nem sempre são aqueles que escolhemos. Às vezes, as equipes não são confiáveis e não temos escolha, se não fizermos o melhor que pudermos com a equipe que temos, ou então, desistir e sofrer as consequências. Este certamente foi o caso da tripulação e da equipe de apoio da Apollo 13.

Se você assistiu ao filme Apollo 13, estrelado por Tom Hanks (ou se lembra de algumas das reportagens televisivas durante o voo verdadeiro, como é o meu caso), conhece a história. Em 13 de abril de 1970, às 10h07 da manhã no horário da costa leste, um tanque de oxigênio do módulo de serviço da nave Odyssey explodiu, fazendo com que a nave perdesse seu suprimento de oxigênio e a fonte principal de energia. Além disso, o motor principal da nave parou de funcionar. Como a nave estava a 320 mil quilômetros da terra, numa rota que a colocaria em órbita permanente ao redor da Lua, este era um desafio potencialmente desastroso — e possivelmente fatal.

Os astronautas da nave Odyssey, James Lovell, John Swigart Jr. e Fred Haise não poderiam retornar à terra sozinhos. Sua sobrevivência dependia do trabalho em equipe em um nível que o programa espacial jamais havia experimentado, fazendo com que as pessoas trabalhassem juntas tal como uma máquina muito bem ajustada.

Trabalho em equipe em um novo nível

Na terra, a equipe de controle de voo instruiu imediatamente a equipe de comando a desligar a cápsula de comando danificada e a mudar para módulo lunar (ML) Aquarius, para sua própria segurança. Isso fez com que a equipe saísse da área de risco naquele momento. Mas eles ainda precisavam enfrentar dois grandes desafios:

1. Colocar o Odissey, o módulo de comando, e o Aquarius, o módulo lunar, no percurso mais rápido em direção à terra.
2. Preservar os "artigos de consumo" que mantinham os astronautas vivos: energia, oxigênio e água.

Atingir esses dois objetivos testaria rigorosamente as habilidades e o conhecimento de toda equipe.

Durante uma missão Apollo típica, o controle da missão em Houston costumava empregar quatro equipes de controladores, cada uma identificada por uma cor: branco, preto, dourado e castanho. Cada equipe possuía técnicos responsáveis pelas diversas áreas específicas, necessárias para manter a nave em seu curso. O procedimento usual era que cada equipe cumprisse uma jornada de seis horas sob a orientação de um dos três diretores de voo. Contudo, tendo a vida de três astronautas em suas mãos, todos os membros de todas as equipes interferiram para ajudar. A partir disso, foi formada uma equipe liderada por Gene Kranz, o diretor-chefe de voo, que recebeu o nome de Equipe Tigre. Aqueles quinze homens trabalharam como uma equipe de gerenciamento de crise.

Quando reuniu toda a equipe, Kranz lhes disse:

> Até o final da missão, estou tirando vocês dos consoles de controle. As pessoas que estão fora desta sala [as outras equipes] estarão

acompanhando o voo passo a passo, mas são as pessoas desta sala que definirão os protocolos que deverão ser seguidos... durante os próximos dias, vocês irão se deparar com técnicas e manobras que nunca experimentamos antes. Quero ter certeza de que sabemos o que estamos fazendo.[5]

Além disso, a Nasa prontamente chamou outros fornecedores, como a Grumman Aerospace, que havia construído o módulo lunar (quando souberam que havia problemas com a Apollo 13, virtualmente todos na organização apareceram nas instalações da Nasa no meio da noite para trabalhar intensamente). Também atraíram os principais especialistas e astronautas experientes, construindo rapidamente uma rede de simuladores, computadores e especialistas que ia de costa a costa. Os registros da Nasa afirmam:

> Os astronautas Alan Shepard e Ed Mitchell operavam um dos simuladores do ML no Centro de Controle de Voos Tripulados de Houston; Gene Cernan e David Scott operavam outro simulador. No Cabo Kennedy, o astronauta Dick Gordon simulava procedimentos de emergência em um terceiro módulo lunar. Uma equipe de especialistas em simulação trabalhava em paralelo. Nenhum procedimento, nenhuma instrução de manobra, nenhuma lista de verificação foi passada à tripulação que não tivesse sido extensivamente testada.[6]

Fácil como 1, 2, 3

A primeira tarefa da equipe foi descobrir de que maneira o módulo lunar, projetado originalmente para abastecer dois homens por 49,5 horas, poderia manter vivos três homens por 84 horas. Fizeram isso determinando o modo como a nave poderia funcionar com o menor número de sistemas, fazendo com que o consumo de energia caísse para um quarto do seu normal.

Em seguida, eles precisavam colocar a nave espacial em um percurso que os trouxesse de volta à terra. Não era uma tarefa fácil, uma vez que precisariam usar os pequenos motores do módulo lunar, e os sistemas de orientação estavam desligados. Porém, mediante os esforços da tripulação, os conhecimentos dos fabricantes do módulo lunar e os cálculos da Equipe Tiger, eles foram capaz de fazê-lo. E ainda aumentaram a velocidade da nave para encurtar o tempo de voo. Isso preservaria coisas preciosas como água e energia.

O terceiro grande desafio que a equipe enfrentou foi tornar seguro o ar que a tripulação respirava. O oxigênio não era problema, pois o pequeno módulo lunar estava bem suprido. Mas o dióxido de carbono estava subindo a níveis perigosos, pois a pequena nave destinada a aterrissar na lua não havia sido projetada para eliminar tanto gás. A equipe de terra descobriu uma maneira inteligente de adaptar os filtros de hidróxido de lírio do módulo de comando, para que trabalhassem com os sistemas do módulo lunar, que eram incompatíveis.

Cada uma das grandes equipes da Nasa enfrentou um obstáculo que ameaçava abandonar a tripulação perdida no espaço. Mas a união de engenhosidade, tenacidade e incrível cooperação os capacitaram a superar esses obstáculos. Como resultado, em 17 de abril de 1970, a tripulação do Odyssey aterrissou com segurança na terra. A Nasa gosta de se referir a essa missão como "um fracasso bem-sucedido". Eu a chamo de uma lição da Lei do monte Everest. Quanto maior o desafio, maior é a necessidade de se trabalhar em equipe.

Colocar homens na lua já é um desafio incrível. Trazê-los de volta quando as coisas dão errado a 320 mil quilômetros de distância da terra é um desafio ainda maior. Felizmente, para aqueles homens, a equipe dos sonhos já estava pronta quando tiveram um problema. Esta é uma das lições da Apollo 13. É possível que sua equipe não esteja enfrentando um desafio do tipo "viver ou morrer", mas cedo ou tarde isso pode acontecer. Se você ainda não o fez, comece a construí-la hoje, de modo que, quando surgir um desafio terrível, você e sua equipe estejam prontos.

Pensamento de equipe

O tamanho de seu sonho deve determinar o tamanho da sua equipe.

E tornando-se um membro de equipe melhor

Qual é a sua primeira reação quando o desafio se torna mais difícil? Você se retira para pensar sozinho? Tenta resolver o problema por si mesmo? Afasta-se das pessoas para evitar a pressão? Ou confia em seus colegas de equipe e deixa que eles confiem em você?

Se já não faz isso, ensine-se a convocar seus colegas de equipe. Você não pode vencer um grande desafio sozinho. Como Tenzing afirmou, "numa grande montanha você não pode deixar seus companheiros para trás e ir ao topo sozinho".[7]

Tornando-se um líder de equipe melhor

Que tipo de ajustes você precisa fazer para criar seu time dos sonhos, um que seja capaz de enfrentar os desafios que estão diante de você? Você precisa passar mais tempo desenvolvendo seu grupo? Precisa acrescentar elementos-chave em sua equipe? Ou precisa mudar a liderança? Não esqueça que você também precisa continuar crescendo. O que é verdadeiro para um membro da equipe também é verdade para o líder: se você não cresce, não caminha.

5. A LEI DA CORRENTE

A força de uma equipe é determinada por seu elo mais fraco

EM 24 DE MARÇO DE 1989, AS MANCHETES DOS JORNAIS ANUNCIAVAM UM DESASTRE ambiental ocorrido no estreito de Prince William, no Alasca. O navio-tanque chamado Exxon Valdez encalhara no recife de Bligh, danificando seu casco e provocando o rompimento de oito dos onze tanques de carga do navio. Como resultado, 41 milhões de litros de óleo, de um total de aproximadamente duzentos milhões, foram derramados no mar.

O impacto negativo na área foi imenso. A pesca e o turismo foram interrompidos, prejudicando a economia local. O meio ambiente sofreu. Os especialistas estimam que a vida selvagem perdeu cerca de 250 mil aves marinhas, 2.800 lontras, trezentas focas, 251 águias carecas, vinte orcas e bilhões de ovas de peixes como salmões e arenques. Embora não tenha sido o maior derramamento de óleo já registrado, os especialistas o consideram como o pior na história em termos de danos causados ao meio ambiente.[1]

É claro que a Exxon, dona do navio, também pagou um preço. Os representantes da empresa estimam que o incidente custou à Exxon algo em torno de 3,5 bilhões de dólares:

- US$ 2,2 bilhões em gastos com limpeza.
- US$ 300 milhões em direitos.
- US$ 1 bilhão em processos judiciais do governo.[2]

Mas isso não é tudo. Além do que a Exxon já havia pago, a companhia espera desembolsar ainda mais US$ 5 bilhões por perdas e danos, um julgamento que a empresa ainda está tentando reverter através de apelações que se estendem por mais de uma década depois do incidente. Qual foi a causa de um acidente tão caro e abrangente? A resposta pode ser encontrada na Lei da Corrente.

A corrente partida

Ao sair do terminal petrolífero de Alyeska, na manhã de 23 de março, a viagem do navio Exxon Valdez começou de modo rotineiro. Um piloto de navio especialista guiou a embarcação pelo estreito de Valdez e, então, devolveu o controle a seu capitão, Joe Hazelwood. O capitão ordenou que o navio fosse posto em um determinado curso, entregou o controle ao terceiro oficial, Gregory Cousins, e deixou a ponte. Depois de 35 minutos, o Exxon Valdez estava encalhado em um recife, derramando toneladas de óleo no mar.

As investigações que se seguiram ao acidente retratavam um quadro crítico: negligência aos padrões de segurança, indiferença às políticas da empresa e decisões equivocadas. O capitão do navio estivera bebendo horas antes de assumir o controle do navio. Contrariando a exigência de dois homens, apenas um oficial permaneceu no leme enquanto o navio navegava pelo estreito de Valdez e, novamente, quando o piloto deixou o navio (este oficial, chamado Cousins, havia trabalhado por tanto tempo que se acredita que a fadiga contribuiu para o erro de navegação que se seguiu). Também não havia sempre um vigia presente na ponte enquanto o navio estava em andamento.

Também houve discrepâncias entre o que o capitão Hazelwood disse ao Centro de Controle de Navegação sobre o que estava fazendo e as ordens que ele realmente havia dado à sua tripulação. Às 11h30 da noite, o capitão informou por rádio que tomaria o curso de 200 graus e reduziria a velocidade para desviar-se dos icebergs que às vezes flutuavam pelas rotas dos navios. Contudo, os registros de operação do motor do navio mostraram que a velocidade do navio continuou aumentando. Depois de nove minutos, o capitão ordenou que o navio tomasse o curso de 180 graus e fosse colocado no piloto automático, mas ele nunca informou sobre essa mudança ao controle de tráfego. Então, às 11h53, ele deixou a ponte.

Apenas quatro minutos depois da meia-noite, o navio se chocou com um recife. Por quase duas horas, primeiramente Cousins e, depois, o capitão Hazelwood, tentaram liberar o navio, enquanto o óleo era derramado no mar. Estima-se que, nas primeiras três horas, cerca de 22 milhões de litros vazaram do navio acidentado. Naquele momento, o dano já estava feito e o elo mais fraco havia provocado a quebra da "corrente". A costa do Alasca estava numa completa confusão, a carreira de Hazelwood como capitão de navio estava encerrada e a Exxon estava presa num pesadelo de relações públicas, e nas pesadas obrigações financeiras.

Assim como qualquer equipe gosta de ser avaliada com base em seus melhores membros, a verdade é que o potencial de uma equipe é medido por seu elo mais fraco. Não importa quantos tentam racionalizar, compensar ou esconder: o elo fraco terminará aparecendo. Esta é a Lei da Corrente.

Sua equipe não é para todos

Um dos erros que eu geralmente cometia no início de minha carreira como líder era pensar que todos aqueles que estavam em minha equipe deveriam permanecer na equipe. Isso acontecia por diversas razões. Primeiro, eu naturalmente vejo o melhor que existe nas pessoas. Quando olho para indivíduos com potencial, vejo tudo o que podem vir a ser — mesmo que eles não vejam isso. Tento encorajá-los e equipá-los para se tornarem cada vez melhores. Segundo, eu realmente gosto de pessoas. Fico imaginando que, quanto mais pessoas se juntarem, melhor será a festa. Terceiro, pelo fato de eu ter uma visão de futuro e acreditar que meus objetivos são lucrativos e benéficos, presumo, às vezes, ingenuamente, que todos desejarão caminhar comigo.

Mas o fato de eu querer levar todos comigo não significava que as coisas deveriam ser sempre assim. Minha primeira experiência memorável com relação a isso ocorreu em 1980, quando me ofereceram um cargo executivo na Sede Mundial da Igreja Metodista Wesleyana em

Marion, Indiana. Quando aceitei o cargo, convidei minha assistente para vir comigo e fazer parte da nova equipe que eu estava formando. Então, ela e seu marido consideraram a oferta e vieram até Marion para dar uma olhada. Nunca esquecerei aqueles momentos. Enquanto falava animadamente sobre os desafios futuros e como poderíamos começar a enfrentá-los, comecei a perceber pela expressão de suas faces que havia algo errado. Foi então que eles me disseram que não viriam.

Aquela afirmação pegou-me totalmente de surpresa. Lá no fundo, eu estava certo de que eles estavam cometendo um grande erro e cheguei a verbalizar isso para eles, numa tentativa de convencê-los a mudar de ideia. Porém, minha esposa Margaret deu-me alguns conselhos muito sábios. Ela disse: "John, seu problema é que você quer ver todos com você. Mas nem todos tomarão parte nesta jornada. Deixe estar." Foi uma dura lição que precisei aprender — e, às vezes, ainda preciso.

A partir daquela experiência e de outras que tive desde então, descobri que, quando a questão é trabalho em equipe...

1. *Nem todos tomarão parte na jornada*

Algumas pessoas não querem ir. Minha assistente e seu marido queriam permanecer em Lancaster, Ohio, onde haviam construído relacionamentos de muitos anos. Para outras pessoas, a questão é a atitude. Não desejavam mudar, crescer ou conquistar um novo território. Apegavam-se ao *status quo*. Tudo o que você pode fazer com pessoas deste grupo é agradecer gentilmente por suas contribuições e prosseguir.

2. *Nem todos devem tomar parte na jornada*

Outras pessoas não devem se juntar à equipe em função de seus compromissos. Elas têm outros planos e o lugar aonde você deseja ir não é o lugar correto para elas. O melhor que você pode fazer para as pessoas nesta categoria é desejar-lhes o bem, e de acordo com sua disponibilidade, ajudá-las a ter sucesso em seus projetos.

3. *Nem todos podem tomar parte na jornada*

Para o terceiro grupo de pessoas, a questão é competência. Elas podem não ter habilidades suficientes para acompanhar seus colegas de equipe ou de ajudar o grupo a chegar aonde ele deseja. Como é possível reconhecer pessoas que pertencem a essa categoria? Não é difícil identificá-las:

- Elas não conseguem acompanhar os passos de outros membros da equipe.
- Elas não se desenvolvem em sua área.
- Elas não veem a perspectiva global.
- Elas não corrigirão suas fraquezas pessoais.
- Elas não trabalharão com o resto da equipe.
- Elas não conseguem satisfazer as expectativas em sua área.

Se você tem pessoas que demonstram uma ou mais dessas características, deve admitir que elas são elos fracos.

Isto não quer dizer necessariamente que elas sejam pessoas ruins. Na verdade, algumas equipes existem para servir aos mais fracos ou ajudá-los a se tornarem mais fortes. Tudo depende dos objetivos da equipe. Quando eu era o pastor majoritário de uma igreja, por exemplo, fazíamos um trabalho social com as pessoas da comunidade, oferecendo comida e assistência. Ajudávamos pessoas com vícios, problemas conjugais e muitas outras dificuldades. Nosso objetivo era servi-las. É muito bom e correto ajudar pessoas que se veem nessas circunstâncias. Contudo, colocá-las na equipe enquanto ainda estão desanimadas e fragilizadas não vai ajudá-las, mas vai prejudicar a equipe — a ponto de fazer com que a equipe seja incapaz de realizar seu objetivo de servir.

O que se pode fazer com as pessoas da equipe que são elos fracos? Você só tem realmente duas escolhas: precisa treiná-las ou trocá-las. Certamente sua primeira prioridade sempre deve ser tentar treinar as pessoas que estão tendo problemas em acompanhar a equipe. A ajuda pode vir de muitas maneiras: pedir que as pessoas leiam certos livros, enviá-las para seminários ou cursos, apresentar-lhes novos desafios, juntá-las a conselheiros. Creio que elas geralmente se elevam a seu nível de expectativa. Ofereça-lhes esperança e treinamento e elas normalmente irão melhorar.

Mas o que fazer se o membro da equipe continuamente deixa de atender às expectativas, mesmo depois de receber treinamento, encorajamento e oportunidades de crescimento? Meu pai costumava usar um ditado: "A água sempre procura se nivelar." Uma pessoa que é o elo fraco de sua equipe pode ser capaz de se tornar uma estrela em outro time. Você precisa fornecer a essa pessoa uma oportunidade de encontrar seu próprio nível em algum outro lugar.

O impacto de um elo fraco

Se você é o líder de uma equipe, não poderá evitar ter de lidar com os elos fracos. Os membros que não conseguem carregar seu próprio peso atrasam toda a equipe e causam um efeito negativo em sua liderança. Várias coisas podem acontecer quando um elo fraco permanece na equipe:

1. Os membros mais fortes identificam o mais fraco

Um elo fraco não pode se esconder (exceto em um grupo de pessoas fracas). Se você tem pessoas fortes em sua equipe, elas sempre saberão quem não está desempenhando sua função no mesmo nível das demais.

2. Os membros mais fortes precisam ajudar o mais fraco

Se as pessoas precisam trabalhar juntas como uma equipe para realizar seu intento, então você tem duas escolhas com relação ao membro de equipe mais fraco. Elas podem ignorar a pessoa e deixar que o time todo sofra, ou podem ajudá-la e fazer com que a equipe seja mais bem-sucedida. Se sua conduta é de membro de equipe, elas ajudarão.

3. Os membros mais fortes se ressentem do mais fraco

Se os membros fortes da equipe ajudam ou não, o resultado sempre será o mesmo: ressentimento. Ninguém gosta de perder ou ficar para trás repetidamente devido a uma mesma pessoa.

4. Os membros mais fortes ficam menos eficientes

Levar a carga de outra pessoa, além de sua própria, compromete seu desempenho. Faça isso por um longo período e toda a equipe sofrerá.

5. *Os membros mais fortes questionam a habilidade do líder*

Todas as vezes em que o líder permite que um elo mais fraco continue fazendo parte da equipe, os membros da equipe, forçados a compensar as falhas da pessoa mais fraca, começam a duvidar da coragem e do discernimento do líder. Perde-se o respeito dos melhores quando não se lida adequadamente com os piores.

> Perde-se o respeito dos melhores quando não se lida adequadamente com os piores.

Os membros da equipe podem evitar a dura decisão de lidar com colegas que têm deficiências, mas os líderes não podem deixar de fazê-lo. Na realidade, uma das diferenças entre líderes e seguidores é a ação. Os seguidores normalmente sabem o que fazer, mas não estão dispostos ou são incapazes de fazê-lo. Mas saiba o seguinte: se outras pessoas da equipe tomam decisões em seu lugar por você não estar disposto ou ser incapaz de torná-las, sua liderança está comprometida e você não está servindo à equipe de maneira adequada.

Fortalecendo a corrente

Os membros mais fracos normalmente exigem mais tempo da equipe do que os membros mais fortes. Os membros mais competentes precisam ceder seu tempo para compensar aqueles que não levam a sua parte da carga. Quanto maior for a diferença de competência entre os mais e menos talentosos, maior o detrimento da equipe. Se, por exemplo, você classificar as pessoas numa escala de 1 a 10 (sendo 10 o melhor), um 5 entre os vários 10 prejudica a equipe, enquanto que um 8 entre os vários 10 não causa tanto impacto.

Deixe-me mostrar como isso funciona. Quando você reúne um grupo de pessoas pela primeira vez, seus talentos se juntam de maneira semelhante a uma adição. Assim, um 5 no meio dos vários 10 tem esta aparência:

$$10 + 10 + 10 + 10 + 5 = 45$$

A diferença entre essa equipe e grandes equipes com cinco 10 é semelhante à diferença entre 50 e 45. É uma diferença de 10%. Contudo, uma vez que a equipe se reúne e começa a desenvolver uma química interna, uma sinergia e impulso, o que ocorre é algo semelhante à multiplicação. É neste momento que o elo fraco realmente começa a perturbar a equipe. É a diferença entre isso

$$10 \times 10 \times 10 \times 10 \times 10 = 100.000$$

e isso

$$10 \times 10 \times 10 \times 10 \times 5 = 50.000$$

É uma diferença de 50%! A força e o impulso de uma equipe podem ser capazes de compensar o elo mais fraco por alguns instantes, mas não para sempre. O elo fraco termina tirando o impulso da equipe, assim como seu potencial.

Ironicamente, elos fracos têm menos consciência de suas fraquezas e deficiências do que os membros mais fortes da equipe. Eles normalmente passam mais tempo "protegendo seu feudo", preservando suas posições e se apegando a tudo o que têm. É preciso saber o seguinte: quando a questão é interação entre as pessoas, os mais fracos normalmente controlam a relação. Veja um exemplo. Alguém com uma boa autoimagem é mais flexível do que uma pessoa com uma autoimagem desfavorável. Um indivíduo com uma visão clara age mais prontamente do que alguém que não a possui. Uma pessoa com grandes habilidades e energia realiza mais e trabalha por mais tempo do que um indivíduo menos dotado. Se os dois caminharem juntos, o membro mais forte deverá trabalhar junto constantemente e aguardar o mais fraco. Isto restringe o que ocorre na jornada.

Se sua equipe tem um elo fraco que não é capaz ou não subirá até o nível da equipe — e você já fez de tudo para ajudá-lo a melhorar — você deve tomar uma atitude. E quando o fizer, atente para o conselho dos escritores Danny Cox e John Hoover. Se você precisa retirar alguém da equipe, seja discreto, claro, honesto e breve. Depois que a pessoa partir, compartilhe isso com o resto da equipe, mantendo respeito pela pessoa que dispensou.[3]

Se você começar a sentir algum tipo de remorso antes ou depois da ação, lembre-se disto: enquanto um elo mais fraco fizer parte da equipe, todos os demais sofrerão.

Chega de elos fracos!

Ninguém deseja ter um elo fraco em sua equipe, alguém que faça o time inteiro fracassar em seus objetivos. Às vezes, surgem boas experiências a partir disso. Uma enorme recompensa pessoal é ser considerado alguém que ajudou um membro mais fraco da equipe a se tornar uma figura importante dentro do grupo — e, às vezes, a se transformar numa estrela. Porém, para o bem ou para o mal, lidar com pessoas menos capacitadas é um aspecto inevitável ao fazermos parte de uma equipe, certo? Não existe essa coisa de uma equipe que não possui elos mais fracos, existe?

Como já mencionei anteriormente, o objetivo de uma equipe geralmente determina o quão bem ela pode trabalhar com um elo mais fraco. Há momentos em que os objetivos de uma equipe são tão altos que os membros não podem se dar ao luxo de possuir um elo mais fraco. É o caso de um grupo da Marinha dos Estados Unidos chamado SEAL. As tarefas realizadas exigem tanto que uma pessoa frágil na equipe pode fazer com que todos os outros membros percam a vida.

Nos últimos anos, os SEALs têm despertado grande interesse popular. Eles têm sido o assunto de diversos romances e filmes. São personagens que atraem o imaginário das pessoas por serem considerados os melhores dos melhores. Um ex-membro de uma equipe SEAL comentou certa vez que "nenhum grupo de homens está mais perto da perfeição em seu campo de atuação".

Os SEALs foram comissionados pelo presidente americano John F. Kennedy em 1962. Eles expandiram-se a partir de equipes subaquáticas de destruição, desenvolvidas durante a Segunda Guerra Mundial para limpar as áreas de desembarque de tropas em locais como as praias de Omaha e Utah, na Normandia e, mais tarde, nas ilhas do Pacífico. Como todas as equipes de operações especiais das várias áreas militares americanas, eles são especialistas em armas, combates corpo a corpo e destruição, além de estarem treinados para saltos de paraquedas. Mas sua especialidade são as operações aquáticas. Esta é a origem de seu nome: a sigla SEAL indica que eles são capazes de operar no mar (**SE**A, em inglês), no ar (**A**ir) e na terra (**L**and).*

Forjando a corrente

A chave do sucesso dos SEALs é o treinamento, cuja verdadeira ênfase não é conhecer armas ou desenvolver habilidades técnicas, mas reforçar as pessoas e desenvolver trabalho em equipe. As armas mudam, assim como os métodos de conduzir operações, mas o intenso treinamento mental e físico tem permanecido praticamente o mesmo durante todos os anos de existência dos SEALs. Peter J. Shoomaker, comandante em chefe do Comando de Operações Especiais dos Estados Unidos, diz: "Com exceção de nossos valores fundamentais, tudo está sobre a mesa. Para cumprirmos nossa missão, precisamos estar prontos a mudar tudo, exceto estes valores. O valor fundamental de uma equipe SEAL são as pessoas."

Ter as pessoas certas na equipe começa com o processo de seleção. Apenas um certo tipo de pessoa vai realmente se inscrever para o treinamento do SEAL. De todos os que se inscrevem, apenas um em cada dez é aceito (A Marinha recomenda que os candidatos corram pelo menos cinquenta quilômetros por semana e nadem longas distâncias antes de se inscreverem para os testes iniciais). Aqueles que são aprovados e integram o programa submetem-se a 26 semanas de intensivo estresse físico, psicológico e mental. Os rigores físicos e emocionais desse treinamento fazem o quartel da Marinha parecer uma área de piquenique. John Roat, que passou pelo treinamento, foi um dos primeiros membros da recém-formada equipe dos SEALs em 1962. Segundo ele, mais de 1.300 homens foram avaliados antes de iniciar o treinamento, mas o programa aceitou apenas 134. O ritmo do treinamento era tão alto que as pessoas começaram a desistir logo no primeiro dia. Ele viu isso como um bom sinal. John diz:

---

*A palavra seal também quer dizer "foca", fazendo um trocadilho com o termo em inglês. (N. do T.)

Ainda havia 130 rapazes quando os instrutores nos separaram em equipes de dez e nos deram os barcos... Cada um dos homens da equipe carregava os barcos sobre suas cabeças e, até que toda tripulação colocasse os barcos enfileirados, todos sofreriam. Não havia como a tripulação aprender a trabalhar em equipe até que os inadequados estivessem fora do treinamento. Até que fossem eliminados, eram apenas um fator de risco a mais para toda a equipe. Parece extremamente frio, mas assim é a vida.[5]

Nas primeiras cinco semanas, o treinamento era muito penoso e o esforço físico inacreditável. Então, chegava a Semana do Inferno, cinco dias de constantes desafios físicos e mentais onde se mantinha a equipe acordada e em treinamento durante todo o tempo, exceto quatro ou cinco horas na semana. É uma prova que elimina os elos fracos remanescentes e, ao mesmo tempo, transforma o grupo em uma verdadeira equipe. Roat descreve o impacto desta parte do treinamento:

> Cada turma de treinamento continua aprendendo as mesmas coisas durante a Semana do Inferno: você pode ir além do que acreditava ser impossível, mas não pode fazer isso sozinho e todos fazem parte da equipe. A Semana do Inferno é a parte do treinamento que menos se alterou, por uma simples razão: os instrutores não conseguiram encontrar uma maneira melhor de fazer isso. Você não pode chutar alguém simplesmente por causa de sua aparência. Nenhum teste escrito vai revelar se alguém é realmente capaz de trabalhar em equipe. Se fosse possível encontrar bons soldados simplesmente através de uma entrevista com um psicólogo na qual eles respondessem "sim" ou "não", a Marinha adoraria. O problema é que os psicólogos não podem prever quem vai sobreviver a mais de cinco dias sem dormir, sofrendo tormentos constantes e exigências físicas impossíveis, das quais não se pode escapar facilmente. O teste continua o mesmo.[6]

O treinamento do SEAL é tão intenso que em algumas turmas ninguém completou o treinamento. No final de tudo, 49 dos 134 que começaram o treinamento com Roat se classificaram. O sentimento daqueles que conseguiram passar pelo estresse e pela dor pode ser representado pelas palavras de um dos colegas de classe de Roat: "Eu não poderia desistir; isso desapontaria meus colegas. Eu simplesmente não poderia fazer isso."

Muitas pessoas consideram os SEALs da Marinha americana a elite entre as já elitistas companhias de forças de operações especiais das Forças Armadas americanas. Sua interação é a definição de trabalho em equipe e eles dependem uns dos outros em um nível em que a maioria das pessoas não pode compreender e jamais experimentará. Sua sobrevivência depende disso e, por essa razão, eles não podem sequer pensar em ter um elo fraco.

Embora talvez nunca precise enfrentar as mesmas pressões que os SEALs enfrentam, você pode estar certo de uma coisa: o potencial de uma equipe é determinado por seu elo mais fraco. Não importa em que tipo de equipe esteja, pois isso é sempre verdade. Esta é a Lei da Corrente.

Pensamento de equipe

A equipe não pode encobrir suas fraquezas sempre.

Tornando-se um membro de equipe melhor

A inclinação natural da maioria das pessoas é julgar a si mesmas por suas melhores qualidades, enquanto mede os outros pelas piores. Como resultado disso, elas apontam as áreas que seus colegas de equipe precisam desenvolver. Mas a verdade é que somos responsáveis por nosso próprio crescimento em primeiro lugar.

Olhe seriamente para você mesmo. Usando os critérios citados neste capítulo, examine a si mesmo para avaliar onde pode estar atrapalhando a equipe. No quadro a seguir, marque na coluna *Minha* as afirmações que se apliquem a você. E, se você for realmente corajoso, peça a seu cônjuge ou a um amigo próximo para avaliá-lo, marcando os quadros da coluna *Amigo*.

Avaliação		
minha	amigo	Situações Possíveis
☐	☐	Tem problemas para se manter no ritmo dos outros membros da equipe.
☐	☐	Não está se desenvolvendo na área de responsabilidade.
☐	☐	Tem dificuldades em visualizar a perspectiva global.
☐	☐	Tem problemas em trabalhar com o resto da equipe.
☐	☐	Falha com frequência em satisfazer às expectativas de sua área de responsabilidade.

Se você (ou a pessoa que o avaliou) marcou mais de uma alternativa, você precisa iniciar um plano de desenvolvimento de modo a não prejudicar sua equipe. Converse com o líder da equipe ou com um conselheiro de sua confiança sobre a melhor maneira de se desenvolver em sua área de deficiência.

Tornando-se um líder de equipe melhor

Se você é líder de uma equipe, não pode ignorar as situações criadas por um elo mais fraco. Como há vários tipos de equipe, há muitas soluções apropriadas. Se a equipe é uma família, então você não pode simplesmente "trocar" a pessoa mais fraca. Você a estimulará carinhosamente e tentará ajudá-la a se desenvolver, mas também precisará minimizar os danos que ela pode causar aos outros membros da família. Se sua equipe é de negócios, você tem responsabilidades com acionistas ou com o dono. Se já realizou um treinamento sem obter sucesso, então uma "troca" pode ser necessária. Se a equipe é um ministério e o treinamento não causou nenhuma impressão, pode ser apropriado pedir que a pessoa mais fraca ocupe uma posição secundária por um período.

Também pode ser necessário ao membro um afastamento da equipe para lidar com questões emocionais ou espirituais.

Independente do tipo de situação que enfrenta, lembre-se de que suas responsabilidades diante das pessoas possuem a seguinte ordem: a organização, a equipe e, então, o indivíduo. Seus próprios interesses — e seu bem-estar — vêm por último.

6. A Lei do Catalisador

Equipes vencedoras possuem membros que fazem as coisas acontecerem

A maioria das equipes não melhora naturalmente por si mesma. Se deixarmos a equipe sozinha, ela não se desenvolve, não melhora e não alcança o nível de uma campeã. A tendência é que esmoreça. O caminho para o próximo nível é sempre ladeira acima e, se uma equipe não batalha intencionalmente para ascender, então ela inevitavelmente desce. A equipe perde o foco, sai do ritmo, perde energia, deixa de ser unida e perde impulso. Em algum momento, também perde alguns membros-chave. A partir disso, ficar na horizontal e, por fim, declinar rumo à mediocridade é uma questão de tempo. Por isso a equipe que alcança seu potencial tem sempre um catalisador.

> Catalisadores são aquilo que chamamos de pessoas que "fazem com que as coisas aconteçam".

Definição de catalisador

Catalisadores são o que chamo de pessoas que "fazem com que as coisas aconteçam". O mais impressionante catalisador que já tive o privilégio de ver em ação é Michael Jordan. Na opinião de muitas pessoas (incluindo a minha), ele é o maior jogador de basquete de todos os tempos, não somente por seu talento, esportividade e compreensão do jogo, mas também por sua capacidade de agir como catalisador. Seu currículo como amador e como jogador profissional do Chicago Bulls atesta esta habilidade:

- Venceu o campeonato da primeira divisão do NCAA (1982).
- Nomeado jogador Universitário do Ano duas vezes pela Sporting News (1983 e 1984).
- Recebeu os prêmios Naismith e Wooden (1984).
- Ganhou duas medalhas olímpicas (1984 e 1992).
- Ganhou o campeonato da NBA por seis vezes (1991, 1992, 1993, 1996, 1997 e 1998).
- Novato do Ano da NBA (1985).
- Convocado para o time dos novatos da NBA (1985).
- Convocado para o time da NBA por dez vezes (1987, 1988, 1989, 1990, 1991, 1992, 1993, 1996, 1997 e 1998).
- Detentor do recorde de média de pontos por partida da NBA (31,5 pontos por jogo).
- Cestinha da NBA pelo maior número de temporadas (dez).
- Maior cestinha da NBA tanto por pontos convertidos quanto por arremessos pelo maior número de temporadas (dez para cada recorde).
- Terceiro cestinha no total de pontos da NBA (29.277), terceiro em rebotes (2.306) e quarto em arremessos convertidos (10.962).
- Escolhido como jogador de Defesa do Ano da NBA (1985, depois de ter sido criticado por ser "apenas" um jogador de ataque).
- Escolhido Melhor Jogador de Defesa da NBA nas seguintes temporadas: 1988, 1989, 1990, 1991, 1993, 1997, 1998.
- Escolhido cinco vezes como o jogador mais valioso da NBA (1988, 1991, 1992, 1996, 1998).
- Escolhido seis vezes como o jogador mais valioso das finais da NBA (1991, 1992, 1993, 1996, 1997, 1998).
- Escolhido como um dos cinquenta maiores jogadores de toda a história da NBA.

As estatísticas fazem uma forte afirmação sobre Jordan, mas não contam toda a história. Para entendê-la, seria preciso vê-lo em ação. Quando os Bulls precisavam tirar o time de uma situação ruim, a bola era passada para Jordan. Quando um jogador precisava fazer o último arremesso para vencer o jogo, a bola ia para Jordan. Até mesmo quando o time precisava colocar as coisas em prática, a bola ia para Jordan. Não importava qual era a situação na quadra: Jordan era capaz de colocar o time em posição de vencer o jogo. É assim que acontece com as equipes que vencem os campeonatos. Equipes vencedoras possuem membros que fazem as coisas acontecerem. Esta é a Lei do Catalisador.

Ainda fazendo as coisas acontecerem

Como você sabe, Michael Jordan aposentou-se do basquetebol como jogador. Mas ele ainda está no jogo. No começo do ano 2000, Jordan tornou-se sócio e presidente de basquete do Washington Wizards. Apenas uma semana após ter entrado na organização, Jordan colocou a camiseta número 23 dos Wizards e juntou-se ao time para jogar.

Tracy Murray, atacante dos Wizards que marcou Jordan durante alguns treinamentos, fez o seguinte comentário: "Ele ainda se move exatamente do mesmo jeito... enterrando, fazendo bandeja, planando no ar. Continua o mesmo, seu jogo não mudou."

Ninguém esperava que seu talento diminuísse, especialmente apenas dois anos depois de sua aposentadoria. Mas sua habilidade de catalisador também não se alterou. Murray continua: "Assim que ele põe o pé na quadra, começa a usar a linguagem típica do jogo, então a intensidade certamente se recupera."

Todo catalisador traz intensidade ao ambiente onde está. Um comentarista comentou o seguinte sobre uma visita de Jordan às quadras: "Apenas sendo quem é, Jordan transformou o Wizards em algo que há tempo o time não era: vigoroso e divertido."

"É isso o que devemos esperar todos os dias", foi a reação de Jordan. "Na verdade, eu disse que eles não deveriam esperar por mim para mostrar a energia que tiveram hoje. Simplesmente tentei mantê-los concentrados, desafiando-os, dizendo o que tinha de dizer. Se eles podem jogar duro contra mim, podem jogar duro contra qualquer outro time. Foi muito engraçado."

As coisas são sempre assim para um catalisador. Divertir-se. Ele adora agitar o time, fazendo as coisas acontecerem, fazendo tudo o que for necessário para impulsionar a equipe a outro nível. Quando o catalisador faz isso de forma persistente, a equipe passa a ter esperança, confiança, autoestima e, por fim, fica maravilhada. Esta é a Lei do Catalisador. Equipes vencedoras possuem membros que fazem as coisas acontecerem.

Três tipos de jogadores

Quando chega um momento crítico, o catalisador é uma figura essencial, seja ele o vendedor que atinge uma meta impossível, o jogador que faz um grande lance, o pai que faz com que o filho acredite em si mesmo em um momento decisivo da vida. Uma equipe não consegue alcançar grandes objetivos ou até mesmo conquistar novos espaços se não tiver um catalisador.

Minha experiência com equipes tem ensinado que aquilo que é verdadeiro para os esportes também o é nas áreas de negócios, ministério e relacionamentos familiares. Quando o cronômetro está correndo e o jogo está acontecendo, só existem realmente três tipos de pessoas numa equipe:

1. Pessoas que não querem a bola

Algumas pessoas não têm a capacidade de gerar bons resultados para a equipe diante de situações de alta pressão, e elas sabem disso. Como resultado, elas não querem ter a responsabilidade de levar a equipe à vitória. E esta responsabilidade não deve ser dada a elas. Elas devem ter a liberdade de jogar em suas áreas de maior capacidade.

2. Pessoas que querem a bola, mas não deveriam

O segundo grupo inclui pessoas que não podem levar o time à vitória. O problema é que elas não sabem que não podem. Normalmente a causa disso é que o ego desses participantes é maior que seu talento. Essas pessoas podem ser perigosas para uma equipe.

3. *Pessoas que querem a bola e devem estar com ela*

O último grupo, que é, de longe, o menor, consiste de participantes que querem ser os jogadores de decisão nos momentos cruciais e que realmente podem realizar essa tarefa. Eles são capazes de impulsionar, puxar e levar a equipe a níveis mais altos quando as coisas ficam ruins. Eles são os catalisadores.

Toda equipe precisa de catalisadores se quiser ter esperança de vencer de maneira consistente. Sem eles, até mesmo uma equipe com um número enorme de talentos não pode subir a um nível de desempenho máximo. Vi um exemplo disso no final dos anos 90 e, outra vez, no ano 2000, com o Atlanta Braves. Eles tinham os melhores lançadores do beisebol. Também possuíam fortes batedores, jogadores que haviam ganhado vários prêmios e um reserva de reservas repleto de talentos. Os membros de sua equipe já haviam sido escolhidos como os jogadores mais valiosos ou novatos do ano. Mas eles não tinham os jogadores que atuassem como catalisadores, necessários para que se tornassem os campeões da Série Mundial.

Características de um catalisador

É fácil apontar o catalisador de um time depois que ele causou impacto no grupo e impulsionou os membros de sua equipe à vitória, especialmente no mundo dos esportes. Você pode apontar momentos especiais quando ele alcançou um patamar totalmente novo e, ao mesmo tempo, levou consigo sua equipe até lá. Mas como reconhecer um catalisador antes de os fatos acontecerem? Como é possível procurar uma pessoa catalisadora para sua equipe atual?

Não importa qual tipo de "jogo" você pratica ou em qual equipe esteja. Pode-se ter certeza de que os catalisadores possuem certas características que os fazem diferentes de seus colegas de equipe. Tenho observado que estas nove características estão presentes com frequência nos catalisadores com quem interagi. Os catalisadores são...

1. Intuitivos

Os catalisadores percebem coisas que os outros não compreendem. Podem reconhecer uma fraqueza em um oponente. Também podem dar um "salto" intuitivo, transformando uma desvantagem em vantagem. São capazes de usar qualquer coisa para ajudar o time a ser bem-sucedido.

A maneira como a intuição é demonstrada varia em função dos diferentes tipos de equipes. Isso faz sentido, pois o próprio objetivo da equipe determina seus valores. Além disso, as pessoas são mais intuitivas nas áreas de seus dons naturais. Assim, nos pequenos negócios, o catalisador pode ser um empreendedor que fareja a oportunidade no momento em que ninguém está ciente dela. No clero cristão ou outra organização sem fins lucrativos, o catalisador pode ser uma pessoa que intuitivamente reconhece a liderança e pode recrutar voluntários talentosos. No caso de um time de futebol, pode ser um atacante que percebe a defesa adversária não se ajustando bem e, então, faz uma jogada que leva seu time à vitória. Em cada caso a situação é diferente, mas o resultado é o mesmo: um catalisador pressente uma oportunidade e, como resultado, a equipe é beneficiada.

2. Comunicativos

Os catalisadores dizem coisas que outros membros da equipe não dizem, a fim de fazer a equipe seguir adiante. Às vezes, eles fazem isso para compartilhar com os outros membros da equipe que pressentem intuitivamente, de modo a estarem melhor preparados para enfrentar o desafio. Em outros momentos, seu propósito é inspirar ou motivar os outros membros da equipe. Os catalisadores normalmente sabem a diferença entre o momento em que um colega precisa de um empurrão e quando precisa de um pontapé.

Todas as vezes que você vir uma equipe de pessoas mudando repentinamente ou levando seu modo de agir a um novo patamar, pode estar certo de que há alguém na equipe conversando, dirigindo e inspirando os demais. Você também poderá ver isso com líderes políticos influentes. Pessoas como Churchill, Roosevelt e Kennedy mudaram o mundo com suas palavras. Eles eram catalisadores, e os catalisadores são comunicativos.

3. Apaixonados

Os catalisadores sentem coisas que os demais não sentem. São apaixonados pelo que fazem e querem compartilhar esta afeição com seus colegas de equipe. Às vezes, a paixão explode numa vontade furiosa de alcançar objetivos em sua área de paixão. Em outros momentos, ela se manifesta através de um entusiasmo contagiante. Porém, independente de como a paixão se manifeste, ela pode motivar a equipe rumo ao sucesso.

O lendário jogador de beisebol do Cincinnati Reds, Pete Rose, já passou por vários problemas, mas ele certamente foi um dos grandes catalisadores de seu esporte no século 20. Certa vez, perguntaram-lhe o que ia na frente de um jogador de beisebol: seus olhos, suas pernas ou seu braço. A resposta de Rose foi impressionante. Ele disse: "Nenhuma dessas coisas. É o entusiasmo que faz alguém ser um jogador completo." E ele é tão entusiasmado quanto um catalisador.

4. Talentosos

Os catalisadores são capazes de fazer o que outros não podem porque seu talento é tão grande quanto sua paixão. As pessoas raramente se tornam catalisadoras fora de sua área de habilidade e talento natural. Por duas razões principais. Primeiramente, o talento sabe o que é necessário para vencer. Você não pode levar a equipe a um patamar mais elevado se não houver dominado as habilidades necessárias para ser bem-sucedido a nível pessoal. Isto simplesmente não acontece. A segunda razão pela qual as pessoas devem ter talento na área onde desejam ser catalisadoras é que parte da função de um catalisador é influenciar os outros membros da equipe. Você não pode fazer isso se não tiver credibilidade, especialmente se tiver um desempenho baixo. Faz parte da função do catalisador compartilhar seu talento com outros, de modo a torná-los melhores. Você não pode oferecer o que não tem.

5. Criativos

Outra qualidade comumente encontrada nos catalisadores é a criatividade. Catalisadores pensam coisas que os outros não pensam. Enquanto a maioria dos membros da equipe pode fazer coisas mecanicamente (ou por impulso), os catalisadores pensam de forma diferente. Eles estão continuamente buscando maneiras novas e inovadoras de se fazer as coisas.

O consultor de negócios para equipes esportivas Carl Mays afirma que "a criatividade envolve pegar aquilo que você tem, aquilo que você é, e extrair o máximo das duas coisas". Às vezes, o que eles sugerem pode mudar o ritmo de um jogo. E, em outros momentos, sua capacidade de reescrever as regras modifica totalmente a forma como o próprio jogo é jogado.

6. Iniciadores

Gosto de pessoas criativas e já trabalhei com muitas delas durante minha vida. Eu mesmo me considero criativo, especialmente na área literária e de ensino. Minha experiência com pessoas criativas, porém, ensinou-me algumas coisas sobre elas. Embora as pessoas criativas tenham mais ideias, nem todas sabem colocar em prática esses pensamentos criativos.

Os catalisadores não têm este problema. Eles fazem coisas que os outros não conseguem fazer. Eles não apenas são criativos em seu pensamento, mas disciplinados em suas ações. Seu prazer é fazer as coisas acontecerem. Esta iniciativa pode assumir diversas formas: um técnico de beisebol argumentando com um juiz para motivar seus jogadores; um pai mudando de emprego ou de casa para ajudar um filho com dificuldades ou o dono de um negócio concedendo incentivos financeiros a seus funcionários para vencer a concorrência. É assim que eles iniciam uma ação. O resultado é que eles próprios se movem, levando consigo sua equipe.

7. Responsáveis

Os catalisadores carregam coisas que os outros não conseguem carregar. Meu amigo Truett Cathy, fundador da Chick-Fil-A, tem um ditado: "Se tem de acontecer, deixa comigo." Este bem que poderia ser o mote para todos os catalisadores.

Não faz muito tempo surgiu um comercial na televisão americana que mostrava um par de consultores dando conselhos ao diretor-executivo de uma empresa sobre como ele poderia levar seu negócio a um novo patamar. Eles explicavam como os programas de computador da empresa poderiam ser modificados, como o sistema de distribuição poderia ser melhorado e de que maneira os canais de propaganda poderiam ser modificados para que a companhia fosse muito mais eficiente e lucrativa.

O diretor executivo ouviu cuidadosamente a tudo o que eles disseram e, finalmente, ele disse:
— Gostei disso. Tudo bem, podem fazer.

Os consultores pareciam confusos num primeiro momento e um deles disse:
— A verdade é que nós não fazemos aquilo que recomendamos. Os catalisadores não são consultores. Eles não recomendam uma linha de ação. Eles são responsáveis por fazer aquilo acontecer.

8. Generosos

Os catalisadores cedem coisas que os outros não cedem. A verdadeira marca de uma pessoa que assume responsabilidade é sua disposição de ceder a si mesmo para realizar uma tarefa. Os catalisadores mostram esta qualidade.

Eles estão preparados para usar seus recursos para o bem da equipe, mesmo que isso signifique dedicar seu tempo, gastar seu dinheiro ou sacrificar ganhos pessoais.

Um nítido exemplo de alguém que cede a si mesmo pela equipe pode ser encontrado na vida do homem de negócios Eugene Lang, de Nova York. Em 25 de junho de 1981, Lang se colocou diante de 61 crianças que estavam completando a sexta série na PS 121, uma escola pública de ensino fundamental do bairro de East Harlem. Ele mesmo havia se formado naquela escola décadas atrás. Ele sabia que, estatisticamente, 75% daquelas crianças provavelmente deixariam a escola durante os próximos seis anos e nunca completariam o ensino médio, e queria fazer algo para mudar esse quadro.

> Os catalisadores não são consultores. Eles não recomendam uma linha de ação, mas assumem a responsabilidade de fazê-la acontecer.

Começou encorajando-os a trabalhar duro, dizendo-lhes que, se agissem desta maneira, o sucesso chegaria. Porém, de um momento para outro, deixou de ser consultor para ser catalisador. Ele prometeu àqueles garotos que, se eles realmente comprassem a ideia e concluíssem o ensino médio, ele lhes daria uma bolsa de estudos para a faculdade. Essa promessa foi o começo do que se tornou o programa "Eu Tenho um Sonho".

Quatro anos depois, todos os 61 alunos ainda estavam na escola. Seis anos depois, 90% dos 54 garotos que permaneceram em contato com Lang concluíram o ensino médio e dois terços deles foram para a faculdade. Hoje, o programa "Eu Tenho um Sonho" patrocina 160 projetos em 57 cidades e abrange dez mil crianças — tudo isso porque Lang decidiu tornar-se um catalisador.

9. Influentes

Os catalisadores são capazes de liderar colegas de equipe de uma maneira que os outros não podem. Os membros de uma equipe seguirão um catalisador mesmo quando eles não responderem a mais ninguém. Se um membro de equipe for altamente talentoso, mas não especialmente bem-dotado em liderança, ele pode ser um catalisador eficiente numa área de conhecimento. As pessoas com aptidão natural para a liderança exercerão influência para muito além de sua própria equipe.

Michael Jordan, novamente, é um fantástico exemplo. Obviamente ele tinha influência sobre seus colegas do Chicago Bulls. Mas essa influência foi muito além do time de basquete. Senti um pouco disso no jogo dos All Stars da NBA de 2001. Tive o prazer de falar na capela aos jogadores e aos oficiais antes do jogo e, mais tarde, pude passar um tempo com os juízes que haviam sido escolhidos como árbitros daquela partida. Durante minhas conversas com eles, perguntei qual jogador eles respeitavam mais em termos de honestidade. A resposta foi Michael Jordan.

Um dos juízes contou que, num dos jogos finais, Danny Ainge, cujo time estava jogando contra os Bulls, fez um arremesso próximo da linha dos três pontos. Os juízes atribuíram a Ainge apenas dois pontos pela cesta, uma vez que não tinham certeza se ele estava fora da linha dos três pontos. Durante o tempo solicitado logo depois do arremesso, um dos juízes perguntou a Jordan se o arremesso de seu oponente fora uma cesta de três pontos. Jordan indicou que sim. Eles deram a Ainge os três pontos. A integridade — e a influência — de Jordan fizeram com que os juízes revertessem sua decisão.

Quando você vir muitas destas nove qualidades em alguém de sua equipe, anime-se. Quando os tempos difíceis chegarem, é bem provável que ele dará um passo rumo a um patamar totalmente novo e tentará levar a equipe consigo.

O meu próprio fazedor de coisas

Em minha empresa, o Grupo INJOY, existe um bom número de catalisadores. Nenhum deles, porém, é mais impressionante que Dave Sutherland, o diretor-executivo.

Dave se uniu a nós em 1994 como presidente do ISS, a divisão do Grupo INJOY que assiste igrejas com levantamento de fundos através de campanhas. Pouco antes de sua chegada, eu pensava seriamente em fechar aquele ramo da organização. O ISS não se autossustentava financeiramente, estava extraindo tempo e recursos de outras áreas produtivas da empresa e não estava gerando a influência positiva que eu esperava. Mas eu acreditava que a liderança de Dave Sutherland pudesse mudar esse quadro. Logo depois de tê-lo contratado, comecei a ver progresso na ISS.

Durante o segundo ano em que Dave estava conosco, a empresa teve alguns objetivos bastante ofensivos. Naquele ano, o alvo era estabelecer parcerias com oitenta igrejas, o que representava mais que o dobro do número de igrejas do ano anterior. Cada parceria seria concretizada somente após uma apresentação pessoal à diretoria da igreja e aceitação de nossa oferta de ajuda.

Certo dia, durante a primeira semana de dezembro, parei diante do escritório de Dave e falei com sua esposa, Roxine, que trabalha com Dave como sua assistente. Fazia certo tempo que eu não via Dave e perguntei onde ele estava.

— Ele saiu para fazer uma apresentação — disse ela.

Achei aquilo um pouco estranho, pois a empresa tinha várias pessoas-chave cujo trabalho era fazer as apresentações nas igrejas. — Saiu? Quando ele volta? — perguntei eu.

— Bom, deixe-me ver — disse Roxine. — Quando ele saiu, na segunda-feira depois do dia de Ação de Graças, ele ainda precisava de 24 igrejas para alcançar nosso objetivo. Dave disse que não voltaria para casa até alcançar esse número.

E ele alcançou. Dave viajou até 19 de dezembro. Mas isso não foi uma surpresa. O meu escritor, Charlie Wetzel, disse-me que, em toda sua carreira de vendas e marketing — que já cobria três décadas —

Dave nunca havia deixado de cumprir uma meta. Nem uma sequer. Sua tenacidade e sua capacidade ajudam muito. Mas também ajudam a equipe. Ao alcançar aquele objetivo, Dave fez com que cada pessoa da equipe se tornasse uma vencedora naquele ano. Todos os funcionários da empresa se beneficiaram com o impulso que ele deu para levar a ISS a um novo patamar. Um ano depois, a ISS se tornou a segunda maior empresa desse tipo no mundo. No final do ano 2000, ela havia ajudado mais de dez mil igrejas por toda a América do Norte a levantarem mais de um bilhão de dólares.

Quando você tem um Michael Jordan, um Eugene Lang ou um Dave Sutherland em sua equipe, ela sempre tem chance de vencer. Eles são pessoas do tipo que "fazem acontecer". Por que isso é importante? Porque equipes vencedoras possuem membros que fazem as coisas acontecerem. Sem elas, a equipe nunca alcançará seu potencial. Esta é a verdade da Lei do Catalisador.

Pensamento de equipe

Os jogos são vencidos por pessoas que "fazem as coisas acontecerem".

Tornando-se um membro de equipe melhor

Como você se sente quando sua equipe passa por momentos difíceis? Você quer segurar a bola ou preferiria que ela estivesse nas mãos de outra pessoa? Se existem mais catalisadores talentosos e eficientes em sua equipe, você não precisa ser o "faz-tudo". Nestes casos, a melhor coisa que pode fazer é "passar a bola" às pessoas que estão em condições de fazer com que a equipe seja beneficiada. Porém, se você evita as luzes porque tem medo ou porque não trabalhou duro o suficiente para se aperfeiçoar, precisa mudar sua mentalidade.

Coloque-se no caminho do progresso fazendo as seguintes coisas:

1. Encontre um conselheiro.

Os membros da equipe se tornam catalisadores somente com a ajuda de pessoas melhores que elas mesmas. Encontre uma pessoa que faça as coisas acontecerem e peça ajuda a ela durante o processo.

2. Inicie um plano de desenvolvimento.

Coloque-se num programa que vai ajudá-lo a desenvolver suas habilidades e seus talentos. Você não pode levar o time a um novo patamar se ainda não chegou lá.

3. Saia da comodidade.

Você não saberá do que é capaz até tentar ir além daquilo que já fez antes.

Mesmo seguindo essas três orientações é possível que você não se torne um catalisador, mas ao menos se tornará o melhor que pode ser — isto é tudo o que as pessoas podem pedir de você.

Tornando-se um líder de equipe melhor

Se você lidera uma equipe, precisa de catalisadores que impulsionem a equipe a seu potencial. Use a lista de qualidades neste capítulo para começar a identificar e relacionar as pessoas que podem fazer as coisas acontecerem. Se você perceber este potencial em alguns de seus liderados atuais, encoraje-os a tomar iniciativa e se tornarem influenciadores positivos da equipe. Se as pessoas da equipe não são capazes ou não estão dispostas a se elevar a este nível de atuação, comece a recrutar pessoas de fora da equipe. Nenhuma equipe pode chegar ao ponto mais alto sem um catalisador. Equipes vencedoras possuem membros que fazem as coisas acontecerem.

7. A LEI DA BÚSSOLA

A previsão orienta e dá confiança aos membros da equipe

POR QUASE 100 ANOS, A IBM TEM SIDO UMA VERDADEIRA ROCHA NO COMÉRCIO americano, mantendo-se firme no meio do mar da competição. Mesmo durante a Grande Depressão de 1930, quando milhares de companhias estavam desaparecendo, a IBM continuou crescendo. A fonte de sua força eram os negócios e a inovação tecnológica.

Introduzindo tecnologia

Por meio século, a IBM foi inovadora na área de computadores, começando em 1940 com seu Mark 1. Nas décadas de 1950 e 1960, a empresa introduziu inovações atrás de inovações. Por volta de 1971, a IBM tinha um faturamento anual de oito bilhões de dólares e empregava 270 mil pessoas. Quando as pessoas pensavam nas grandes blue chips, a IBM era provavelmente o primeiro nome que elas tinham em mente.

Contudo, apesar de toda sua história de avanços, no final da década de 1980 e início de 1990, a empresa passou por dificuldades. Por quase uma década ela demorou a reagir às mudanças tecnológicas. Em função disso, começou a perder cerca de oito bilhões de dólares a cada ano a partir de 1991. Embora lutasse para reconquistar terreno na área tecnológica, a ideia que os consumidores tinham era de que a empresa estava em declínio. Onde a IBM fora vista como dominante, as pessoas viam uma empresa irremediavelmente desatualizada — um dinossauro vagaroso se movendo entre empresas novas, velozes como leopardos. Se alguma coisa não mudasse, a IBM estaria em sérias dificuldades.

Então, em 1993, a IBM passou a ser comandada por um novo diretor-executivo, Lou Gerstner. Ele começou rapidamente a recrutar novos membros-chave para sua equipe, o chamado Comitê Executivo da IBM. A mais importante contratação foi provavelmente a de Abby Kohnstamm, convidada à vice-presidência do marketing da IBM.

Introduzindo... uma bússola

Kohnstamm estava ansiosa para começar. Ela acreditava que os produtos da empresa eram suficientemente fortes, mas o marketing era fraco. Ao chegar à IBM, descobriu que as coisas eram muito piores do que imaginava. A IBM não estava conseguindo alcançar seus clientes de maneira eficiente. Os funcionários do departamento de marketing nem sequer tinham certeza de quem fazia o quê, ou por quê. Um exemplo disso é que, ao questionar quantos funcionários havia na área, Kohnstamm não conseguiu receber a mesma resposta de dois funcionários diferentes. Greg Farrel, do USA Today, descreveu a situação da seguinte maneira: "A empresa era uma organização fragmentada e descentralizada, com mais de uma dúzia de áreas de negócios autônomas, além de trabalhar com setenta agências de propaganda espalhadas pelo mundo."[1]

Kohnstamm dispensou imediatamente todas as agências e contratou apenas uma para substituí-las: Ogilvy & Mather Worldwide. Seu desejo era dar a todas as equipes da IBM um único tema unificador para os equipamentos, programas e serviços que eles tinham a oferecer. Não demorou muito e ela o encontrou. A companhia adotou o conceito de *e-business*. Kohnstamm declara: "*e-business* é o único ponto focal da companhia, e a maior realização de marketing empreendida pela IBM."[2]

A visão de futuro parece funcionar. Steve Gardner, dono de uma agência de propaganda que já trabalhou para a Compaq, diz: "A coisa mais formidável sobre o *e-business* é que ele transformou a imagem de vagarosa que possuía a IBM no âmbito da internet sem qualquer mudança real em sua linha de produtos ou serviços. Isto é um feito extraordinário."[3]

Onde se movia com grande esforço, hoje a IBM tem confiança e direção renovadas. Bill Etherington, vice-presidente e executivo da área de vendas e distribuição, observa que o enfoque do marketing obteve um efeito incrivelmente positivo nos funcionários da IBM. Ele sabe do que está falando, está na IBM há 37 anos. Ele diz: "Todos nós ficamos entusiasmados com essa admirável campanha, que realçou a empresa e a retratou sob uma luz muito mais moderna."[4] Maureen McGuire, vice-presidente de comunicação de marketing, concorda: "A campanha reanimou os funcionários. Estamos tentando fazer todas aquelas pessoas cantarem a mesma música, ler o mesmo livro." Para uma companhia que não cantava havia muito tempo, foi um feito monumental. Tudo isto serve para mostrar que as previsões conferem orientação e confiança aos membros da equipe. Este é o poder da Lei da Bússola.

> Uma grande previsão precede uma grande conquista.

Não se perca

Você já fez parte de uma equipe que parece não estar fazendo nenhum progresso? Talvez o grupo tenha vários talentos, recursos e oportunidades e os membros da equipe unidos, mas o grupo simplesmente não foi a lugar nenhum! Se você já passou por isso, há uma grande possibilidade de que a situação tenha sido causada por falta de uma previsão.

Uma grande previsão precede uma grande conquista. Toda equipe precisa de uma visão de futuro interessante e que apresente direção. Uma equipe sem essa visão fica, na pior das hipóteses, sem propósito. No melhor caso, está sujeita aos interesses pessoais (e, às vezes, egoístas) de seus vários componentes. Como esses interesses trabalham uns contra os outros, a energia e o dinamismo da equipe se esgotam. Por outro lado, uma equipe que assume uma previsão torna-se concentrada, energizada e confiante. Sabe para onde se dirige e por quê.

O marechal de campo Bernard Montgomery, líder de tropas durante a Segunda Guerra Mundial, chamado de o "general dos soldados", escreveu que "todo soldado deve saber, antes de ir à batalha, de que forma aquela pequena luta que ele está prestes a realizar se encaixa no contexto geral e de que maneira o sucesso daquela empreitada influenciará a guerra como um todo". As pessoas da equipe precisam saber por que estão lutando. Se não for assim, a equipe terá problemas.

A responsabilidade do líder

O marechal Montgomery gostava de se relacionar com os soldados de sua equipe e fazer previsões das batalhas. Esta habilidade trouxe sucesso a ele e a seus liderados. Montgomery entendia que os líderes devem ser prenunciadores. O escritor Ezra Earl Jones destaca que:

> Líderes não precisam ser grandes visionários. A previsão pode provir de qualquer pessoa. Os líderes precisam, sim, revelar essas previsões. Os líderes também precisam mantê-las diante das pessoas e lembrar-lhes do progresso que está sendo feito para alcançá-las. De outra maneira, as pessoas podem presumir que estão fracassando e podem desistir.

Se você lidera sua equipe, é responsável por encontrar uma previsão motivadora e valiosa, articulando-a entre os membros de sua equipe. Contudo, mesmo que você não seja um líder, identificar uma visão atraente também é importante. Se você não sabe qual é a perspectiva da equipe, não pode fazê-la com confiança. Você não terá certeza se você ou os membros de sua equipe estão indo na direção correta. Nem mesmo saberá se a equipe da qual faz parte é a melhor para você se não houver examinado sua visão do futuro considerando seu potencial, convicções e propósitos. Sua previsão precisa interessar a todos os membros da equipe.

Verifique sua bússola!

Como é possível medir uma previsão? Como saber se vale a pena e é atrativa? Verifique sua bússola. Toda equipe precisa de uma. Na verdade, toda equipe precisa de várias. Uma equipe precisa analisar as seis "bússolas" seguintes antes de embarcar em qualquer jornada.

A previsão de uma equipe deve estar alinhada com:

1. **Uma bússola moral** (*olhe para cima*)

O milionário filantropo Andrew Carnegie disse certa vez: "Raramente se constrói um grande negócio a não ser que ele seja guiado pelas estritas linhas da integridade." Isto se aplica a qualquer empreitada. Só existe um norte real. Se a sua bússola está apontando para qualquer outra direção, sua equipe pode estar indo na direção errada.

Uma bússola moral confere integridade à previsão. Ela ajuda todas as pessoas da equipe a verificarem suas motivações e a assegurarem-se de que estão trabalhando pelas razões corretas. Isso também confere credibilidade aos líderes que fizeram a previsão, mas somente se eles forem exemplos dos valores que a equipe deverá adotar. Quando agem assim, reforçam a visão do seu futuro, o que faz com que ela prossiga.

> Raramente se constrói um grande negócio a não ser que ele seja guiado pelas estritas linhas da integridade.
> — Andrew Carnegie

2. **Uma bússola intuitiva** (*olhe para dentro*)

Enquanto a integridade é o combustível da imagem do futuro, a paixão é o fogo. O verdadeiro fogo da paixão e da convicção surge somente de nosso interior.

No livro *The Leadership Challenge*, James Kouzes e Barry Posner explicam que "as previsões brotam da nossa intuição. Se a necessidade é a mãe das invenções, a intuição é a mãe da previsão. A experiência alimenta nossa intuição e melhora nossa percepção". Uma previsão deve ressoar profundamente no líder da equipe. Em seguida, deve ressoar nos membros da equipe, que serão convidados a trabalhar duro para fazê-la render frutos. É esse o valor da paixão intuitiva, que traz o tipo de calor que aquece aquele que está comprometido — e incendeia aquele que não está.

3. **Uma bússola histórica** (*olhe para trás*)

Um velho ditado que aprendi quando morava na área rural do estado americano de Indiana diz o seguinte: "Não derrube a cerca sem saber por que ela está ali." Nunca se sabe: pode haver um touro do outro lado da cerca! Uma previsão interessante deve ser realizada com base no passado, sem jamais desprezá-lo. Deve fazer uso positivo de quaisquer contribuições das equipes anteriores à organização.

Todas as vezes que fizer uma previsão, você deve criar uma relação entre o passado, o presente e o futuro... deve conciliá-los. As pessoas não buscarão o futuro antes de entrar em contato com o passado. Quando se inclui a história da equipe, as pessoas que estão na organização por um longo tempo sentem que são valorizadas (mesmo se não forem mais as estrelas). Ao mesmo tempo, os mais novos experimentam uma sensação de segurança, ao saber que a previsão atual baseia-se no passado, mas conduz ao futuro.

> As pessoas não buscarão o futuro antes de entrar em contato com o passado.

Qual o melhor modo de fazer isso? Conte histórias. Os princípios podem desvanecer na mente das pessoas, mas as histórias permanecem, e se ligam à imagem do futuro. Conte lendas do passado que transmitam a ideia de história. Relate fatos interessantes que estejam acontecendo agora entre os membros da equipe. E conte histórias de como será o dia em que a equipe realizar o que foi previsto. Histórias são como lembretes que ajudam a manter a imagem do futuro na frente das pessoas.

4. Uma bússola direcional (olhe à frente)

O poeta Henry David Thorrau escreveu: "Se alguém avança confiantemente na direção de seus sonhos e se esforça para viver a vida que imaginou, encontrará um sucesso inesperado em pouco tempo." Como já mencionei, uma previsão, ou imagem do futuro, orienta a equipe. Parte da orientação vem de uma sensação de propósito. A outra parte provém dos objetivos, que definem os alvos da imagem do futuro.

O objetivo motiva a equipe. O juiz da liga de futebol americano (NFL) Jim Tunney fez um comentário sobre isso dizendo "por que chamamos o gol de 'meta'? Porque onze homens no ataque se reúnem com um único propósito: fazer com que a bola passe pela meta. Todos têm uma tarefa específica para cumprir — o quarto-zagueiro, aquele que recebe a bola, cada atacante, todos os jogadores sabem exatamente qual a sua tarefa. Até mesmo a defesa tem suas metas: impedir que o time adversário marque gols".

5. Uma bússola estratégica (olhe em volta)

Um objetivo não fará bem ao time sem as etapas para alcançá-lo. Uma previsão sem estratégia é pouco mais além de um devaneio. Como Vince Abner comentou: "Prever não é suficiente — deve-se combinar previsão com ação. Não basta ficar olhando os degraus: precisamos subi-los."

Uma estratégia é válida por trazer progresso à previsão, já que identifica os recursos e mobiliza os membros da equipe. As pessoas precisam mais do que informações e inspiração. Elas precisam de instruções para tornar a previsão uma realidade, e um caminho para chegar até lá. A estratégia proporciona tudo isso.

6. Uma bússola visionária (olhe além)

A previsão da equipe deve voltar-se para além das situações atuais e de qualquer falhas dos atuais membros da equipe em perceber o potencial da equipe. Uma previsão verdadeiramente grande fala do que os membros da equipe podem vir a ser se realmente realizarem seus ideais e trabalharem de acordo com seus padrões mais elevados.

Se você é o líder da sua equipe, saiba que para fazer com que as pessoas alcancem seu potencial é preciso desafiá-las. Como sabe, uma

> Você precisa ter uma perspectiva ampla para evitar a frustração dos fracassos imediatos.
> — Charles Noble

coisa é ter membros presentes na equipe. Outra é fazê-los se desenvolver. Um dos aspectos de termos uma visão de longo alcance é a "flexibilidade" que se traz à equipe.

Sem um desafio, muitas pessoas tendem a esmorecer. Charles Noble fez a seguinte observação: "Você precisa ter uma perspectiva ampla para evitar a frustração dos fracassos imediatos." Isto é verdade. Perspectiva ajuda as pessoas, proporcionando-lhes motivação. Isso pode ser especialmente importante para pessoas muito talentosas, que às vezes lutam com a falta de desejo. É por isso que um artista tão talentoso quanto Michelângelo orou: "Senhor, conceda-me poder sempre desejar mais do que posso realizar." Uma bússola visionária responderia a essa oração.

Disseram que apenas os que podem ver o invisível são capazes de fazer o impossível. Isso mostra o valor das previsões. Mas também indica que pode ser uma qualidade enganosa. Se você puder medir confiantemente a perspectiva de sua equipe de acordo com as seis "bússolas" e descobrir que a equipe está plenamente alinhada na direção correta, sua equipe tem chances bastante razoáveis de alcançar o sucesso. E não tenha dúvidas. Nenhuma equipe prospera sem previsões — na verdade, nem mesmo sobrevive. As palavras do rei Salomão, do antigo Israel, considerado o homem mais sábio que já viveu, são verdadeiras: "Não havendo previsões, o povo perece." As previsões conferem orientação e confiança aos membros da equipe, duas coisas que não podem faltar. Esta é a verdadeira natureza da Lei da Bússola.

Uma das melhores equipes do mundo

As pessoas normalmente pensam em previsão como algo que aponta a realização de um objetivo específico. Embora isso geralmente seja verdade, as previsões nem sempre precisam ser tão estritas. Às vezes, as previsões conferem direção e valores fortes, mas os possíveis efeitos a serem obtidos de alguma forma são deixados em aberto. Quando isso acontece, embora a previsão tenha forte orientação, pode-se criar uma atmosfera em que os membros da equipe acreditam que o céu é o limite.

É isso o que ocorre na Enron. Nos últimos anos, a empresa de fornecimento de energia realmente cresceu e recebeu incrível reconhecimento por seus esforços. Eis aqui algumas honrarias recebidas:

- 25º lugar na lista das empresas globais mais admiradas da revista *Fortune* (2000).
- 29º lugar na lista das empresas que mais crescem da revista *Fortune* (2000).
- Citada cinco vezes na lista da revista *Fortune* como uma das companhias mais inovadoras (1996-2000).

- Citada duas vezes na lista da revista Fortune como uma das cem melhores empresas para se trabalhar nos Estados Unidos (1999 e 2000).
- Citada na lista das melhores empresas globais do mundo da Global Finance.
- Indicada como a empresa líder mundial na área de energia pela Forbes Global Business (1999).
- Honrada como possuidora da melhor força de vendas da América pela pesquisa anual da Sales & Marketing Management.
- Incluída na lista das quarenta empresas de maior valor da revista Wired.

Se você não lê as páginas do caderno financeiro e não trabalha no ramo de energia, possivelmente não esteja familiarizado com o nome Enron (a não ser que seja torcedor do Houston Astros, uma vez que o novo complexo esportivo desse time chama-se Enron Field). A empresa foi fundada em 1985 quando a Houston Natural Gas (HNG) e a Internorth Inc., de Omaha, fundiram-se para formar uma nova empresa. Elas deram esse passo devido à flexibilização das normas governamentais na indústria de energia, o que estava fazendo com que as empresas deixassem de ser simples comerciantes de gás natural para também se transformarem em transportadoras de combustível. Por causa disso, empresas na área de gás natural precisavam ter acesso às reservas. Ao fundir as duas companhias, o porta-voz Don Wright concluiu: "Estamos presentes de costa a costa e de fronteira a fronteira. Somos capazes de negociar gás em qualquer lugar dos Estados Unidos neste exato momento. Não se consegue isso como empresa regional ou estando presente em apenas alguns Estados."[6]

Uma empresa... mas apenas uma equipe?

Quando as duas companhias se uniram, seus funcionários não passaram por uma transição tranquila. Foi como tentar misturar óleo e água. A sede da empresa estava em duas cidades: Houston e Omaha. A cultura das duas empresas era bastante diferente. A equipe gerencial da HNG cuidava de tudo, enquanto na Internorth, a administração era descentralizada. Os executivos das duas empresas também não combinaram muito bem. Os diretores da HNG eram inovadores, na faixa etária dos quarenta anos, enquanto na Internorth, a diretoria era bastante tradicional, composta por pessoas na faixa de cinquenta e sessenta anos. Era uma única companhia, mas ainda pairavam dúvidas se sua equipe poderia realmente se tornar unificada.

Ken Lay, da HNG, então com 42 anos, logo recebeu a tarefa de liderar a empresa e unificar as duas equipes. Depois de trabalhar nessa tarefa por quase um ano, Lay percebeu que era "mais difícil unir as duas empresas do que havia pensado antes". Para fazer o trabalho corretamente, Lay queria mais autoridade para efetuar as mudanças e unificar as equipes. A diretoria disse-lhe que poderia ter essa autoridade se estivesse disposto a desistir de seu contrato de trabalho (que incluía benefícios incríveis). Lay rasgou seu contrato com satisfação.

Direção confiante rumo à inovação futura

No princípio, a previsão da Enron era tornar-se a principal distribuidora de gás natural na América do Norte, o que a empresa conseguiu. Uma década depois, desejava tornar-se a principal empresa na área de energia do mundo. Também se pode dizer que alcançou esse objetivo. Contudo, com o passar dos anos, surgiu uma previsão muito mais ampla. Essa previsão provinha dos valores da empresa. Os maiores bens da companhia são as pessoas que fazem parte da equipe e a qualidade mais procurada é a inovação. Como disse Jeff Skilling, presidente, COO e diretor-executivo da Enron, "você deve sempre valorizar a capacidade de se mover e mudar, pois isso cria opções e as opções são valiosas... Prefiro uma pessoa inteligente a um bem".[7]

Ter uma visão inovadora e valorizar as pessoas foi algo extremamente lucrativo para a Enron. Em 2000, o faturamento da companhia foi de US$ 101 bilhões, e seu patrimônio era de US$ 53 bilhões. Mais de 40% do valor de mercado da Enron era proveniente de áreas de negócios de pelo menos três anos.[8] O *turnover* voluntário de seus funcionários era de notáveis 6%.[9]

Talvez o mais brilhante exemplo da habilidade em prever da Enron seja a história da introdução, em 1999, do comércio online de gás natural e eletricidade, denominado EnronOnline. A ideia foi de Louise Kitchen que, na época, era a chefe de comercialização de gás da Enron na Europa. Foi um trabalho com Greg Whalley, da Enron North América, e com John Sherriff, chefe da Enron Europe. Por sete meses eles trabalharam juntos num projeto de quinze milhões de dólares para tornar a Enron um mercado de commodities online. O mais impressionante com relação a isso foi o fato de Jeff Skilling ficar sabendo desse projeto multimilionário apenas dois meses antes de seu lançamento. O resultado do projeto? Transformou a Enron na maior companhia de comércio eletrônico do mundo.

Em que tipo de empresa os funcionários têm segurança e capacidade para fazer coisas assim? Em uma companhia que pratica a Lei da Bússola. Segurança e liberdade surgem do tipo de previsão transmitida pela Enron. As previsões conferem orientação e confiança aos membros da equipe. Quando eles têm orientação e confiança, a equipe é capaz de desenvolver seu potencial e colocar-se num patamar completamente novo.

Pensamento de equipe

Quando você percebe, pode tirar proveito.

Tornando-se um membro de equipe melhor

Quais são as previsões para sua equipe? Você se surpreenderia ao saber quantas pessoas fazem parte de uma equipe que trabalha unida, mas que não sabe exatamente por quê. Esse foi o caso, por exemplo, quando me tornei o líder da Skyline Church na área de San Diego. A diretoria da igreja era composta por doze pessoas. Quando pedi a cada membro que falasse sobre a perspectiva da igreja, logo em nosso primeiro encontro obtive oito respostas diferentes. Uma equipe não pode ir adiante com confiança se não tiver uma bússola!

Como membro de sua equipe, você precisa de uma clara compreensão de sua perspectiva. Se a equipe não tem uma perspectiva, então ajude-a a desenvolvê-la. Se a equipe já encontrou sua bússola e seu curso, você precisa examinar a si mesmo diante disso tudo para ter certeza de que tudo está de acordo. Caso contrário, você e seus colegas de equipe se frustrarão. Portanto, é melhor buscar mudanças.

Tornando-se um líder de equipe melhor

Se você é o líder de sua equipe, possui a responsabilidade de comunicar uma previsão da equipe e mantê-la diante das pessoas permanentemente. Isso não necessariamente é fácil. Jack Welch, diretor-executivo da General Electric, fez a seguinte observação: "Sem nenhuma dúvida, comunicar uma previsão e a atmosfera ao redor desta tem sido e sempre será, de longe, a tarefa mais difícil que enfrentamos."

Descobri que as pessoas precisam que lhes mostre a bússola da equipe de maneira clara, criativa e permanente. Todas as vezes que pretendo fazer uma previsão aos membros de minha equipe, utilizo a lista abaixo para ter uma orientação. Tento assegurar-me de que a mensagem da previsão possui...

- Clareza: traz compreensão à previsão (informa aquilo que as pessoas precisam saber e aquilo que eu quero que elas façam).
- Encadeamento: reúne o passado, o presente e o futuro.
- Propósito: traz orientação à previsão.
- Objetivos: trazem alvos a previsão.
- Honestidade: traz integridade à previsão e credibilidade àquele que a faz.
- Histórias: trazem relações à previsão.
- Desafios: trazem flexibilidade à previsão.
- Paixão: traz incentivo à previsão.
- Exemplo: traz responsabilidade à previsão.
- Estratégia: define um procedimento para a previsão.

A próxima vez que você estiver se preparando para comunicar uma previsão aos seus liderados, utilize essa lista. Certifique-se de estar incluindo cada um dos componentes e estou certo de que os membros da sua equipe considerarão a visão mais acessível e estarão melhor preparados para comprar a ideia. Se não o fizerem, você verá que ao menos tornaram-se mais orientados e confiantes.

8. A Lei da Laranja Estragada

Atitudes ruins estragam a equipe

Durante minha infância, eu adorava o basquete. Tudo começou quando eu estava no quarto ano, ao assistir a um jogo de basquete do colegial pela primeira vez. Fiquei fascinado. Pouco depois disso, meu pai cimentou a calçada em frente à nossa garagem e colocou uma tabela na parede para mim. Daquele dia até minha ida à universidade era normal encontrar-me praticando arremessos e rebotes naquela pequena quadra.

Quando fui para o colegial, já havia me tornado um jogador bastante razoável. Comecei na equipe de juniores quando ainda era calouro e, no segundo ano, nosso time já apresentava uma retrospectiva de 15 a 3, melhor que o time de seniores (o time principal) do colégio. Tínhamos muito orgulho disso — talvez orgulho demais. Digo isso por algo que aconteceu durante meu segundo ano na universidade.

Uma das tradições de nosso time era nosso técnico, Don Neff, distribuir entradas do campeonato estadual de basquete de Ohio aos jogadores de maior destaque durante a temporada. Esses jogadores eram quase sempre os mais experientes e sempre estavam presentes no time. Porém, naquele ano, recebi ingressos para uma partida dos Buckeyes. Qual foi minha reação? Fiquei agradecido e agi de maneira humilde diante do reconhecimento do técnico Neff? Não, eu disse que achava que ele deveria fazer um jogo entre os juniores e os seniores valendo todos os ingressos da temporada. É desnecessário dizer que o técnico nunca permitiu que esse jogo se realizasse.

No ano seguinte, os comentaristas que acompanhavam o basquete colegial no Estado de Ohio achavam que nosso time tinha chance de vencer o campeonato estadual em nossa divisão. Creio que eles observaram os jogadores que poderiam sair do time de juniores e retornar como seniores no ano seguinte e perceberam o talento que os juniores exibiriam, imaginando que seríamos o máximo. Realmente tínhamos muito talento. Quantos times colegiais do final da década de 1960 podiam dizer que apenas uns poucos jogadores da equipe não conseguiam enterrar a bola? Mas a temporada acabou de uma maneira muito diferente da expectativa de todos.

De mal a pior

Desde o início da temporada, o time passou por diversos problemas. Havia dois juniores no time de seniores com talento para serem titulares naquela equipe: John Thomas, o melhor nos rebotes, e eu, o melhor arremessador. Achávamos que o jogo deveria se basear estritamente na habilidade e imaginávamos que merecíamos nosso lugar no time. Os seniores tiveram uma temporada ruim no ano anterior, mas achavam que nós deveríamos fazer nosso trabalho e aguardar.

Aquilo que começara como uma rivalidade entre os juniores e os seniores no ano anterior transformou-se numa guerra entre as duas equipes. Sempre que havia uma disputa de bola nos treinos, era entre os juniores e os seniores. Durante os jogos, os seniores não passavam a bola para os juniores e vice-versa. Avaliávamos nosso sucesso não por nosso time haver ganhado ou perdido uma partida, mas porque as estatísticas dos juniores eram melhores que as dos seniores. Se éramos melhores que os seniores nos arremessos, nos passes e nos dribles, então achávamos que havíamos "ganho" o jogo, independente do placar contra nosso adversário.

As batalhas se tornaram tão ferozes que não demorou para as duas equipes nem mesmo trabalharem juntas na quadra durante os jogos. O técnico trabalhava conosco como se fôssemos pelotões. Os seniores iniciavam o jogo e, quando uma substituição era necessária, ele não colocava apenas um, mas cinco juniores no jogo. Tornamo-nos dois times com a mesma camiseta.

Não lembro exatamente quem deu início à rivalidade que separou nosso time, mas lembro-me bem de que John Thomas e eu adotamos a ideia desde o início. Sempre fui líder e tive minha parcela de culpa ao influenciar os outros membros do time. Infelizmente, devo confessar que levei os juniores na direção errada.

O que iniciou como uma atitude inoportuna de um ou dois jogadores gerou uma confusão geral para todos. No meio da temporada, até mesmo os jogadores que não desejavam tomar parte na rivalidade foram afetados. A temporada foi um desastre. No final, terminamos com uma reputação medíocre e nem chegamos perto de nosso potencial. Tudo isso serve para mostrar-lhe que atitudes ruins estragam a equipe. Esta é a Lei da Laranja Estragada.

Talento não é tudo

A partir de minhas experiências com o basquete colegial, aprendi que talento não é suficiente para trazer sucesso a uma equipe. Obviamente talento é necessário. Meu amigo Lou Holtz, o fantástico técnico de futebol colegial, observou o seguinte: "Você precisa de grandes atletas para vencer... não pode vencer sem bons atletas, mas pode perder com eles." Contudo, é necessário muito mais do que pessoas talentosas para vencer.

Meus colegas da equipe do colegial tinham talento de sobra e, se isso fosse suficiente, poderíamos ter vencido os campeonatos estaduais. Mas também estávamos repletos de atitudes erradas. Sabemos muito bem quem acabou vencendo a batalha entre o talento e a atitude.

Atitudes adequadas entre os jogadores não garantem o sucesso de um time, mas as atitudes ruins garantem seu fracasso.

Talvez seja por isso que, desde aquele dia, eu compreenda a importância de uma atitude positiva, tendo enfatizado bastante este aspecto para mim mesmo, para meus filhos enquanto cresciam e para as equipes que lidero.

Anos atrás escrevi algo sobre a atitude no livro *The Winning Attitude*. Gostaria de compartilhar estas ideias com você.

> Atitude...
> É o "guia" de nosso verdadeiro eu.
> Suas raízes são internas, mas seus frutos são externos. É a nossa melhor amiga ou nossa pior inimiga.
> É mais honesta e mais consistente que nossas palavras.
> É um olhar para o exterior baseado nas experiências passadas. É algo que atrai ou repele as pessoas.
> Não se satisfaz até que seja expressa. É a bibliotecária de nosso passado. É a oradora de nosso presente.
> É a profetisa de nosso futuro.[1]

Atitudes adequadas entre os jogadores não garantem o sucesso de um time, mas as atitudes ruins garantem seu fracasso.

As cinco verdades que se seguem revelam como as atitudes afetam o time e a equipe de trabalho.

1. As atitudes têm o poder de erguer uma equipe ou derrubá-la

Na obra *The Winner's Edge*, Denis Waitley declara: "Os verdadeiros líderes nos negócios, na comunidade profissional, na educação, no governo e no lar também parecem possuir uma característica especial que os distingue do resto da sociedade. A vantagem do vencedor não está em haver nascido em berço de ouro, em ter um QI alto ou no talento que possui. A vantagem do vencedor está na atitude, não na aptidão."

Infelizmente acho que muitas pessoas resistem a essa ideia. Elas querem acreditar que apenas o talento (ou o talento com experiência) é suficiente. Mas uma grande quantidade de equipes talentosas que estão por aí nunca chegam a nada por causa da atitude de seus componentes.

Várias atitudes podem abalar uma equipe formada por membros altamente talentosos:

HABILIDADES + ATITUDES = RESULTADO
GRANDE TALENTO + PÉSSIMAS ATITUDES = EQUIPE RUIM

A LEI DA LARANJA ESTRAGADA

GRANDE TALENTO + ATITUDES RUINS = EQUIPE MEDIANA
GRANDE TALENTO + ATITUDES MEDIANAS = EQUIPE CONVENIENTE
GRANDE TALENTO + ATITUDES CONVENIENTES = EQUIPE EXCELENTE

Se você deseja resultados excelentes, precisa de pessoas adequadas com grande talento e atitudes maravilhosas. Conforme as atitudes se desenvolvem, também se desenvolve o potencial da equipe. Quando as atitudes decrescem, o potencial da equipe as acompanha.

2. A atitude contagia os demais

Muitas coisas na equipe não são contagiosas: talento, experiência, disposição de praticar. Mas podemos estar certos de uma coisa: a atitude contagia. Quando alguém na equipe está disposto a aprender e sua humildade é recompensada pela melhoria, há uma grande probabilidade de que os demais mostrem características semelhantes. Quando um líder está otimista mesmo diante de circunstâncias desanimadoras, as outras pessoas admiram essa qualidade e querem ser como o líder. Quando o membro de uma equipe demonstra uma forte ética e produz um impacto positivo, os outros o imitam. As pessoas são inspiradas por seus colegas, e têm a tendência de adotar as atitudes daqueles com quem passam a maior parte do tempo — assumem sua postura, suas crenças e sua maneira de abordar os desafios.

A história de Roger Bannister é um exemplo inspirador da maneira como as atitudes normalmente "contagiam". Durante a primeira metade do século 20, muitos especialistas do esporte acreditavam que nenhum atleta poderia correr uma milha em menos de quatro minutos. Durante muito tempo, estiveram com a razão. Mas então, em 6 de maio de 1954, o corredor britânico e estudante universitário Roger Bannister fez o percurso em três minutos e 59,4 segundos durante uma competição em Oxford. Menos de dois meses depois, outro corredor, o australiano John Landy, também quebrou a barreira dos quatro minutos. Então, de repente, dezenas e depois centenas de outros corredores conseguiram o feito. Por quê? Porque a atitude dos melhores corredores mudou. Eles começaram a adotar a postura e as crenças de seus colegas.

A atitude e as ações de Bannister contagiaram as outras pessoas. Sua atitude se propagou. Hoje, qualquer corredor de nível internacional que participe dessa prova percorre a milha em menos de quatro minutos. As atitudes são contagiosas!

3. As más atitudes contagiam mais rapidamente do que as boas

Existe apenas uma coisa mais contagiosa do que uma boa atitude: uma atitude ruim. Por alguma razão, muitas pessoas acham que ser negativo é algo inteligente. Suspeito que elas pensam que isso as faz parecerem mais espertas ou mais importantes. Mas a verdade é que uma atitude negativa prejudica mais do que beneficia a pessoa que a possui. Tal atitude também prejudica as pessoas ao seu redor.

> Existe apenas uma coisa mais contagiosa do que uma boa atitude: uma atitude ruim.

Um sábio dirigente de beisebol comentou certa vez que ele nunca permitiu aos jogadores positivos ocuparem o mesmo quarto que os negativos quando viajavam. Quando fazia a distribuição dos jogadores nos quartos dos hotéis, ele sempre colocava os negativos juntos, de modo que eles não pudessem "envenenar" mais ninguém.

Para verificar a facilidade e rapidez com que uma atitude ou postura pode se espalhar, pense nesta história sobre Norman Cousins. Certa vez, durante um jogo de futebol americano, um médico do setor de emergência do estádio atendeu cinco pessoas, suspeitando que elas haviam sido vítimas de intoxicação alimentar. Uma vez que seus sintomas eram semelhantes, ele tentou relacionar o que teriam em comum. E logo descobriu que todas as cinco pessoas haviam comprado bebidas na mesma lanchonete do estádio.

O médico quis fazer algo prudente e então solicitou ao serviço de som que recomendasse às pessoas do estádio evitarem comprar bebidas naquele fornecedor em particular, devido à possibilidade de envenenamento alimentar. Logo, mais de duzentas pessoas queixaram-se de sintomas de intoxicação alimentar. Quase metade dos sintomas eram tão severos que as pessoas precisaram ser levadas ao hospital.

Contudo, a história não termina aqui. Depois de um trabalho de investigação, descobriu-se que as cinco vítimas originais haviam ingerido salada de batata estragada num mesmo restaurante a caminho do estádio. Quando os outros "doentes" descobriram que as bebidas daquela lanchonete do estádio eram seguras, todos se recuperaram milagrosamente. Isso serve para mostrar que uma atitude se propaga muito rapidamente.

4. *As atitudes são subjetivas; portanto, pode ser difícil identificar uma atitude errada*

Você já interagiu com uma pessoa pela primeira vez e suspeitou que sua atitude não era correta, muito embora fosse incapaz de dizer exatamente o que estava errado? Creio que muitas pessoas têm essa experiência.

A razão pela qual as pessoas duvidam de suas observações com relação às atitudes de outras pessoas é que as atitudes são subjetivas. Alguém com uma atitude ruim pode não estar fazendo nada ilegal ou não ético. Sua atitude, porém, pode estar arruinando a equipe do mesmo modo.

As pessoas sempre projetam externamente o que sentem internamente. A atitude tem relação com o que somos, transparecendo na maneira como agimos. Permita-me compartilhar algumas atitudes ruins bastante comuns que arruínam uma equipe, de modo que você possa reconhecê-las ao se deparar com alguma delas.

Incapacidade de admitir os erros. Você já se deparou com uma pessoa que nunca admite que está errada? Isto é bastante doloroso. Ninguém é perfeito, mas os que pensam que o são, não podem ser qualificados como membros ideais de uma equipe. Sua atitude errada sempre produzirá conflitos.

Incapacidade de perdoar. Diz-se que Clara Barton, a fundadora da enfermagem moderna, estava sendo encorajada a relembrar um ato cruel infligido a ela anos atrás, mas Barton não mordeu a isca.

— Você não se lembra do erro cometido contra você? — comentou a amiga.

— Não — respondeu Barton. — Na verdade, lembro-me muito bem de tê-lo esquecido.

Guardar rancores nunca é positivo nem tampouco correto. Quando não existe perdão entre os membros da equipe, com certeza todos serão prejudicados.

Inveja mesquinha. Uma atitude que realmente trabalha contra as pessoas é o desejo de igualdade que alimenta o excesso de zelo. Por alguma razão, as pessoas com esta atitude acreditam que todos merecem tratamento igual, independente do talento, do desempenho ou da influência que causam. Contudo, nada está mais longe da verdade do que isso. Cada um de nós foi criado de maneira única e trabalha de maneira diferente e, como resultado, devemos ser tratados de modo distinto.

A doença do eu. Em seu livro The Winner Within, Part Riley, o bem-sucedido técnico da NBA, fala sobre a "doença do eu". Ele diz que os membros da equipe que a possuem "desenvolvem uma forte crença em sua própria importância. Suas ações expressam de maneira veemente a ideia de 'eu sou o maior'". Riley afirma que a doença sempre tem o mesmo resultado inevitável: "a derrota de nós."

Um espírito crítico. Fred e Marta voltavam para casa depois de um culto na igreja.

— Fred — perguntou Marta — você notou que o sermão do pastor foi bastante fraco hoje?

— Para dizer a verdade, não — respondeu Fred.

— Você percebeu que o coral desafinou?

— Não, não percebi — disse Fred.

— Bom, então você certamente deve ter notado aquele jovem casal e seus filhos, também na nossa frente, se movimentando e fazendo barulho durante todo o culto! — disse Marta.

— Desculpe, querida, mas não notei.

Finalmente, bastante chateada, Marta disse:

— Fred, sinceramente, eu não sei por que você se preocupa em ir à igreja.

Quando alguém na equipe tem um espírito crítico, todos o sabem, pois, de acordo com aquela pessoa, ninguém na equipe é capaz de fazer algo certo.

Desejo de apossar-se de todo o crédito. Outra atitude nociva que prejudica a equipe é similar à "doença do eu". Porém, enquanto a pessoa com aquela doença pode tramar as coisas por trás e criar dissensões, o surrupiador de créditos sempre está debaixo dos holofotes para dizer "obrigado" — quer ele tenha feito algo ou não. Essa atitude é oposta à de Bill Russell, homenageado no hall da fama da NBA, e que disse o seguinte sobre seu time na quadra: "O melhor modo de medir quão bem joguei é o quão melhor fiz meus colegas de equipe jogarem."

Certamente existem outras atitudes negativas que não mencionei, mas minha intenção não era listar todas as atitudes inadequadas. Quis apenas mostrar as mais comuns. Em uma única palavra, a maioria das atitudes inoportunas é resultado de egoísmo. Se algum dos membros da sua equipe despreza os demais, sabota os projetos ou se considera mais importante do que a equipe, você pode estar certo de que encontrou alguém com uma atitude inadequada.

> A maioria das atitudes inadequadas é resultado de egoísmo.

5. Se não forem percebidas, as atitudes inadequadas arruínam tudo

As atitudes inadequadas devem ser advertidas. Pode-se ter certeza de que sempre causarão dissensões, ressentimento, oposição e divisão numa equipe. E nunca desaparecerão por si mesmas se não nos ocuparmos delas. Elas vão simplesmente corromper e arruinar toda a equipe, com suas chances de alcançar seu potencial.

Por ser tão difícil lidar com atitudes inadequadas nas pessoas e pelo fato de as atitudes serem tão subjetivas, é possível que você duvide de sua primeira reação ao encontrar uma laranja estragada. Afinal, se é apenas uma opinião de que se trata de uma atitude inadequada, você não tem o direito de tentar adverti-la, certo? Não, se você se importa com a equipe. Atitudes inadequadas arruínam uma equipe. Isso sempre será verdadeiro. Se você deixar uma laranja estragada numa mesma caixa com outras laranjas, você sempre terminará com uma caixa de laranjas estragadas.

O presidente Thomas Jefferson comentou o seguinte: "Nada pode impedir um homem com uma atitude mental correta de alcançar seu objetivo; nada no mundo pode ajudar o homem com uma atitude mental errada." Se você se importa com sua equipe e está comprometido a ajudar todos os seus membros, não pode ignorar uma atitude inadequada. Se o fizer, conhecerá o aspecto desagradável da Lei da Laranja Estragada.

Sua melhor amiga ou sua pior inimiga

A atitude modifica a aparência de tudo o que fazemos, pois determina como o indivíduo vê o mundo e interage com outras pessoas. A atitude de alguém sempre influencia seu desempenho — positivamente, se a atitude for adequada, e negativamente, se não o for — independente do talento, do histórico de vida ou das circunstâncias.

Uma das mais notáveis histórias que já ouvi e que ilustram a Lei da Laranja Estragada surgiu da área da baía de São Francisco. A diretora de uma escola convocou três professores para informá-los sobre uma experiência que os órgãos governamentais estariam conduzindo naquela cidade.

— Pelo fato de vocês serem os três melhores professores de todo o sistema educacional — disse ela — daremos a vocês noventa alunos selecionados, todos com alto QI. Deixaremos que vocês trabalhem com esses alunos durante o próximo ano no ritmo que eles puderem acompanhar e veremos o quanto eles podem aprender.

Os professores e os alunos estavam encantados. Durante o ano seguinte, passaram por uma maravilhosa experiência. Ao final do último semestre, os alunos haviam alcançado entre 20% e 30% a mais do que qualquer outro grupo de alunos naquela área.

Após a conclusão do ano letivo, a diretora chamou os professores e lhes disse:

— Preciso confessar-lhes uma coisa. Devo dizer que vocês não estiveram com os noventa melhores e mais destacados alunos. Eram alunos medianos. Simplesmente escolhemos noventa alunos ao acaso e os entregamos a vocês.

Os professores estavam muito felizes. Se os alunos eram todos medianos, isso demonstrava que os professores haviam mostrado capacidade e habilidade excepcionais.

— Tenho outra confissão a fazer — continuou a diretora. — Vocês não são os professores mais brilhantes. Seus nomes foram os três primeiros retirados de um chapéu.

Se os alunos e os professores foram escolhidos aleatoriamente, então o que os permitiu progredir mais do que qualquer outro grupo dentro do sistema educacional? Foram as atitudes das pessoas envolvidas. Pelo fato de professores e alunos estarem esperando serem bem-sucedidos, eles aumentaram seu potencial para o sucesso. A atitude foi o mais importante.

Se deseja dar à sua equipe as melhores oportunidades de sucesso, pratique a Lei da Laranja Estragada. Troque as laranjas estragadas por boas laranjas e você terá uma chance, porque atitudes ruins estragam a equipe.

Pensamento de equipe

Sua atitude determina a atitude da equipe.

Tornando-se um membro de equipe melhor

Quando o assunto é atitude, o primeiro lugar por onde começar é você mesmo. Como você está? Por exemplo, você...

- Acha que a equipe não conseguirá se relacionar sem você?
- Acredita intimamente (ou não tão intimamente assim) que os sucessos recentes da equipe são realmente atribuíveis aos seus esforços pessoais e não ao trabalho de toda a equipe?
- Preocupa-se quando os demais membros da equipe recebem os louros?
- Tem dificuldades em admitir quando comete um erro? (se você acredita que não está cometendo nenhum erro, precisa marcar esta alternativa!).
- Relembra erros passados de seus colegas de equipe?
- Acredita que está recebendo muito menos do que deveria?

Se você marcou alguns dos itens acima, precisa analisar sua atitude. Converse com seus colegas de equipe e descubra se sua atitude está causando algum dano ao grupo. Converse com seu líder. Se acha realmente que sua recompensa é injusta, precisa revelar isso a seu empregador e tentar descobrir o seu lugar. Uma relação jamais perdura se for desproporcional — quer você esteja dando mais do que recebe ou recebendo mais do que merece. Em qualquer caso, a relação se romperá.

Cuidado! Tenho uma advertência a fazer: se você abandonar sua posição por acreditar que está sendo desvalorizado e não for bem-sucedido em seu novo local de trabalho, então provavelmente superestimou seu valor ou subestimou o que a organização estava fazendo para ajudá-lo a ser bem-sucedido.

Tornando-se um líder de equipe melhor

Se você acreditar ter uma laranja estragada em sua equipe, precisa discutir a situação reservadamente com ela. Fazer isso da maneira correta é muito importante. Siga o caminho correto: ao se aproximar dela, compartilhe o que tem observado, mas dê a ela o benefício da dúvida. Presuma que sua percepção possa estar errada e que deseja esclarecer as coisas (se existe mais de uma pessoa nessa situação, comece com o chefe do bando). Se se tratar realmente de sua percepção e a equipe não estiver sendo prejudicada, você não terá causado nenhum dano e terá suavizado o relacionamento entre você e a outra pessoa.

Entretanto, se sua percepção mostrar-se verdadeira e a atitude da pessoa for o problema, transmita-lhe expectativas claras e uma oportunidade para mudar. Então, faça um acompanhamento da situação. Se a pessoa em questão mudar, será uma vitória para a equipe. Se não mudar, retire-a do grupo. Você não pode permitir sua permanência no grupo, pois esteja certo de que atitudes ruins estragam a equipe.

9. A LEI DA CONFIANÇA

Os membros da equipe devem ser capazes de contar uns com os outros quando necessário

Um dos muitos pontos fortes da cidade de Atlanta, na Geórgia, para onde me transferi com minha família e minhas empresas em 1997, é o de ser uma cidade voltada aos esportes. Não tenho oportunidade de assistir a muitos jogos, mas há poucas coisas que eu aprecio mais do que comparecer a um evento esportivo, com toda sua energia e entusiasmo. Assistir a um jogo com um amigo ou dois é uma alegria, independente de estarem jogando os Braves (beisebol), os Hawks (basquete), os Falcons (futebol americano), ou os Thrashers (hóquei).

Quando foi noticiado que a cidade de Atlanta sediaria um time de hóquei, colocou-se em prática um plano para construir um novo ginásio para esse time. O velho Omni, onde os Hawks haviam jogado desde o início da década de 1970, seria demolido e substituído pelo Philips Arena, no mesmo local. Seria um complexo de entretenimento para dezoito mil pessoas, com camarotes e tudo o que há de mais moderno, podendo receber não apenas times de basquete ou hóquei, mas também concertos musicais e outros eventos.

Derrubar o Omni não seria um processo rotineiro. Primeiramente, tudo precisava ser feito rapidamente para que a construção pudesse iniciar no mesmo local. Segundo, pelo fato de a antiga estrutura possuir vigas na cobertura, derrubar o prédio na ordem inversa daquela em que ele fora construído estava fora de questão. Seria muito perigoso para as equipes de demolição. Isso deixava apenas uma alternativa: a implosão.

Negócio de família explosivo

Quando as equipes de demolição precisavam de uma ajuda para explodir um prédio — ou, mais precisamente, implodi-lo — elas inevitavelmente buscavam a família Loizeaux, os pioneiros na demolição segura de prédios utilizando explosivos. Eles são os donos e fundadores da Controlled Demolition Incorporated (CDI). A companhia foi fundada por Jack Loizeaux e começou a operar em 1940, removendo algumas fundações com dinamite. Em 1957, ele explodiu seu primeiro prédio. Em 1960, deu início à CDI. Desde sua primeira demolição — um prédio em Washington, DC — sua empresa já demoliu mais de sete mil estruturas no mundo inteiro.

A CDI é uma empresa familiar. Jack e sua esposa, Freddie, cuidavam do negócio no início. Não demorou muito até que seus filhos Mark e Doug os seguissem. Quando Jack se aposentou, em 1976, seus filhos assumiram a empresa. Hoje, diversos filhos de Mark os acompanham, incluindo sua filha Stacey, atualmente com pouco mais de trinta anos, que tem trabalhado em campo desde os quinze e, assim, já é uma especialista em sua área.

É como colocar linha na agulha

Quando os Loizeaux foram contratados para o trabalho, descobriram rapidamente que a demolição não seria fácil devido à proximidade entre o Omni e outras construções. De um lado havia o World Congress Center, usado para convenções. Do outro, uma estação do MARTA (sistema de trens de transporte de massa da cidade de Atlanta). Em um terceiro ponto havia o escritório central da CNN, que transmite programas por cabo e rádio 24 horas por dia. O prédio da CNN ficava a apenas cinco metros do Omni! Um erro poderia danificar a linha do MARTA e destruir sua estação mais movimentada. Ou, então, poderia deixar o serviço de notícias da CNN temporariamente fora de operação. E, na pior das hipóteses, o Omni poderia tombar na direção errada e destruir o prédio da CNN. Foram necessários todos os esforços e a experiência de cinquenta anos dos Loizeaux para que a tarefa fosse realizada a contento.

Usar explosivos para derrubar uma construção é sempre uma tarefa perigosa. Cada projeto é algo diferente e exige uma estratégia particular. Buracos são perfurados em lugares estratégicos em muitas partes da estrutura, tal como nas colunas, e preenchidos com uma quantidade apropriada de material explosivo. Em seguida, esses pontos de explosão são envolvidos numa espécie de rede (para reter os pedaços grandes durante a detonação) e protegidos com um tecido especial que ajuda a conter a explosão. "O tecido permite que o concreto se mova, mas evita que ele saia voando", diz Stacey Loizeaux. "Às vezes, também erguemos uma cortina em volta de todo o piso, para segurar o que atravessa essas duas primeiras camadas. É uma tarefa de grande responsabilidade.[1] Com frequência constroem-se muros em volta do prédio para proteger as pessoas e as estruturas próximas.

Obviamente existem riscos a qualquer momento quando se trabalha com explosivos. Mas o maior perigo vem da forma como os explosivos são armados para serem detonados. Para que o prédio caia sobre si mesmo, os Loizeaux e sua equipe precisam calcular corretamente a sequência das cargas, normalmente usando retardos que fazem com que uma carga seja detonada frações de segundos depois de outra. Este foi o caso da implosão do Omni, onde primeiramente o teto precisava desabar por inteiro; depois, três paredes precisavam desabar para dentro e a quarta para fora. Então, em 26 de julho de 1997, às 6h53 da manhã, foi exatamente isso o que aconteceu. A demolição levou dez segundos.

Quando se trata de explodir um prédio da maneira como os Loizeaux fazem, tudo precisa dar certo desde as análises preliminares da estrutura, planejamento da demolição, transporte dos explosivos, montagem dos aparelhos, até a preparação do prédio para a preservação da área ao redor. Se alguém da equipe deixar de fazer sua tarefa corretamente e, assim, desapontar seus colegas, não apenas a equipe da CDI fracassa em seu objetivo, mas muitas pessoas e propriedades são colocadas em perigo. Os membros da equipe devem ser capazes de contar uns com os outros quando isso for importante.

Confiando uns nos outros

A importância da Lei da Confiança fica mais clara à medida que o risco aumenta. Mas não é preciso estar numa situação explosiva para que a lei seja aplicada. Quem cuida de um negócio que entrega produtos na data combinada depende de seus funcionários para entregar o que prometeu dentro do prazo. O garçom que tenta agradar um cliente conta com o pessoal da cozinha, esperando que eles preparem a comida de maneira adequada. A mãe que está se preparando para uma entrevista de emprego precisa estar certa de que a babá chegará na hora combinada. Se houver uma quebra de confiança, perde-se o crédito, o cliente vai embora infeliz e a vaga é dada a outra candidata. Os membros da equipe devem ser capazes de contar uns com os outros quando isso for importante

> Não trabalhamos uns para os outros; trabalhamos uns com os outros.
> — Stanley C. Gault

Quando viajei para a África do Sul, lembrei-me de quão geralmente encontramos exemplos da Lei da Confiança, mesmo em pequenas coisas. Estive lá para lecionar numa conferência patrocinada pela EQUIP, minha organização sem fins lucrativos. Esperava no lobby do hotel por alguém que me levaria à conferência, e estava tendo alguns problemas com uma tosse. Isso normalmente não é grande coisa, mas não é uma boa maneira de começar o dia quando você está se preparando para falar por cinco ou seis horas sem parar. Enquanto a equipe de conferencistas e eu estávamos a caminho, Erick Moon, um membro da equipe, tirou do bolso um envelope com uma pastilha para tosse da marca Ricola (a marca que eu uso) e me ofereceu. Quando ele viu minha surpresa, falou de maneira simples: "Todos nós temos uma no bolso, caso você precise."

Stanley G. Cault afirmou: "Não trabalhamos uns para os outros; trabalhamos uns com os outros." Esta é a essência da confiança: é a capacidade e o desejo de ver os membros da equipe trabalhando juntos, com objetivos comuns. Mas isso não acontece por acaso. A confiabilidade não é um dom. Precisa ser conquistada. Membros de equipe que podem depender uns dos outros somente em momentos tranquilos não desenvolveram a confiabilidade.

A fórmula da confiabilidade

Creio que existe uma fórmula para a confiabilidade. Não é complicado, mas tem um impacto poderoso. Aqui está:

CARÁTER + COMPETÊNCIA + COMPROMISSO + SOLIDEZ + COESÃO = CONFIABILIDADE

Quando todos os membros da equipe adotarem todas essas cinco qualidades, tanto para si mesmos quanto com os demais, a equipe pode alcançar a confiabilidade necessária para ser bem-sucedida.

1. Caráter

No livro *As 21 Irrefutáveis Leis da Liderança* escrevi sobre a Lei da Base Sólida, que fala sobre a confiança ser o fundamento da liderança. Essa lei tem relação com caráter. No livro, eu afirmo que "o caráter possibilita a confiança. E a confiança possibilita a liderança. Essa é a Lei da Base Sólida".[2]

De maneira similar, a confiabilidade começa com o caráter porque se baseia na confiança, que é o fundamento de qualquer interação entre as pessoas. Se você não pode confiar em alguém, não contará com ninguém. Como Robert A. Cook comentou, "Não há substituto para o caráter. Pode-se comprar cérebros, mas não se pode comprar um caráter".

> Não há substituto para o caráter. Pode-se comprar cérebros, mas não se pode comprar um caráter.
> — Robert A. Cook

Sempre que você desejar construir uma equipe, precisa começar pela construção do caráter dos indivíduos que farão parte do grupo. Meu amigo Lou Holtz, por exemplo, que é técnico do time de futebol da Universidade da Carolina do Sul, apresenta aos jogadores de sua equipe, logo no começo da temporada, uma lista de doze cláusulas para ajudá-los a entender a cultura da equipe que ele está tentando criar. Eis aqui as cláusulas:

12 Cláusulas da Universidade da Carolina do Sul

1. Concluímos o que fazemos juntos. Compartilhamos nosso sucesso e jamais deixamos qualquer um de nós fracassar sozinho.
2. Todos nós somos adultos crescidos. Agiremos dessa maneira e esperamos o mesmo das pessoas ao nosso redor.
3. Não teremos segredos. A informação que afeta a todos nós será compartilhada com todos nós e rápido e abertamente trabalharemos para separar os fatos da ficção.
4. Não mentiremos para nós mesmos ou para qualquer um da equipe. Nenhum de nós tolerará quem agir dessa maneira. Dependeremos uns dos outros pela verdade.
5. Manteremos nossa palavra. Seremos explícitos e faremos o que dissermos. Acreditamos que as palavras dos demais também serão boas.
6. Não perderemos o controle. Não entraremos em pânico diante dos momentos difíceis. Sempre optaremos por arregaçar as mangas, em vez de cruzar os braços.
7. Desenvolveremos nossas habilidades e nos orgulharemos delas. Estabeleceremos padrões sempre mais altos que os de nossos oponentes mais desafiadores e agradaremos os nossos fãs ao nos satisfazermos.
8. Cuidaremos de nosso vestiário como se fosse nossa própria casa e trataremos nossos colegas de equipe como nossos amigos. Passamos muito tempo juntos para permitir que tais coisas se tornem ruins.
9. Seremos altruístas e esperamos que todas as outras pessoas mostrem esta mesma qualidade. Cuidaremos uns dos outros sem esperar nada em troca.
10. Cuidaremos uns dos outros. Realmente acreditamos que somos os defensores de nossos irmãos.
11. Somos alunos da UCS e, nesta condição, lutaremos para concluir nosso curso. Temos orgulho de nossas médias e esperamos que nossos colegas também tenham.
12. A derrota não pode e não será tolerada em nada do que fazemos. Para nós, a derrota é vergonhosa, inoportuna e humilhante. Não há desculpas para perder um jogo de futebol na UCS.

Você notou alguma coisa ao ler esses doze pontos? A maioria deles trata de assuntos relativos ao caráter. Holtz sabe que, se não lançar uma base sólida de caráter dentro daqueles jovens rapazes de sua equipe, não poderá construir nada de valor sobre ela.

Em seu livro *This Indecision Is Final*, Barry Gibbons afirmou o seguinte: "Escreva e publique o que quiser, mas as únicas missões, valores e éticas importantes na sua companhia são as que se manifestam no comportamento de todas as pessoas, em todos os momentos."[3]

> Escreva e publique o que quiser, mas as únicas missões, valores e éticas importantes na sua companhia são as que se manifestam no comportamento de todas as pessoas, em todos os momentos.
> — Barry Gibbons

2. Competência

Atuei cerca de 25 anos como pastor, de modo que conheço muito bem o mundo eclesiástico. Vi pessoas na comunidade eclesiástica agirem como se o caráter fosse a única coisa importante. Não creio que isso seja verdadeiro. Aquilo que se faz também é importante, como as Escrituras deixam claro. O caráter é a coisa mais importante, mas não é a única coisa.

Se você tem alguma dúvida disso, considere o que vou dizer. Se você tivesse de se submeter a uma cirurgia para tratar de uma doença que está colocando sua vida em risco, ficaria mais feliz se fosse operado por um bom cirurgião que é uma má pessoa ou uma pessoa boa que é um cirurgião ruim? Isso coloca as coisas em perspectiva, não é? A competência é importante. Quando se tratar de alguém que fará parte de sua equipe, você quer competência e caráter.

3. Compromisso

Ter membros em sua equipe apenas nos bons momentos não torna o trabalho em equipe uma experiência agradável. Nos momentos difíceis, você quer estar certo de poder contar com seus colegas. Você não quer ter dúvidas sobre eles estarem dispostos a batalhar com você.

Dan Reiland, vice-presidente do grupo INJOY, compartilhou comigo a tabela a seguir, que indica o comprometimento dos vários membros da equipe.

As equipes fracassam ou são bem-sucedidas de acordo com o compromisso que seus membros têm uns com os outros e com a equipe. Meu amigo Randy Watts, que pastoreia uma igreja na Virgínia, enviou-me uma nota após uma conferência na qual falei sobre a Lei da Confiança. Estas foram as suas palavras:

> Anos atrás, um amigo meu frequentou o Instituto Militar da Virgínia, conhecido por seu rígido treinamento físico, mental e emocional. Ele disse que todos os que chegavam àquela instituição eram separados em grupos. Uma das séries de exercícios é uma corrida ao monte House, bastante íngreme, representando mais do que um desafio. A motivação para a escalada: se você ficar por último, terá de correr tudo novamente. Não apenas você, mas todo o seu grupo! Isso incentiva o compromisso de toda a equipe. Se um membro de seu grupo torce o tornozelo ou quebra uma perna, os demais chegam a carregá-lo! Não basta ser o primeiro homem a chegar no topo da montanha; todos os membros da equipe devem chegar também.

O verdadeiro trabalho em equipe exige este tipo de compromisso. Quando os membros da equipe não são capazes de tê-lo, você os carregará pelo resto do caminho em nome do bem-estar da equipe.

Nível	Tipo de membro de equipe	Descrição
1. Coronel dos Boinas Verdes	Líder de equipe comprometido	Dedicado à causa. Concentrado na perspectiva global. Atitude do tipo "aconteça o que acontecer".
2. Primeiro Tenente	Realizador da equipe	Profundamente ligado ao espírito e à cultura da organização. Tem automotivação e é produtivo.

3. Oficial Graduado	Genuíno membro de equipe	Tem paixão e entusiasmo. Chega cedo e sai tarde. Ainda não provou ser um verdadeiro líder.
4. Soldado	Membro de equipe formal	Gosta de estar na equipe. Quer permanecer. Desempenha tarefas a contento. Ainda não é um grande realizador.
5. Recruta de campo de treinamento	Seguidor sem muita disposição	Trabalha, mas apenas se levar um empurrão.
6. Desertor	Não é um seguidor	Não fará nada. Precisa ir para a Corte marcial.
7. Franco atirador	Seguida perigoso	Trabalha, mas dificulta a vida da equipe. Vai atirar nos membros da equipe assim que tiver uma chance.

4. Solidez

De tempos em tempos, surge alguém que define o que é solidez para o resto de seus colegas de equipe. No caso dos Atlanta Braves, creio que esta pessoa é Greg Maddux. Se você acompanha o beisebol americano, provavelmente já ouviu falar dele. Ele é lançador de primeira linha, tendo recebido prêmios — e estatísticas — que provam isso. Já venceu mais de duzentos jogos, incluindo os 176 na década de 1990, um número muito superior ao de qualquer outro lançador na liga principal do beisebol americano. É o único lançador que se compara a Cy Young e Gaylord Perry, que venceram quinze ou mais jogos em treze temporadas consecutivas. É o único lançador da história do beisebol a ter ganho o Prêmio Cy Young por quatro anos consecutivos (1992-1995).

Diante de todas essas notáveis estatísticas e dos prêmios recebidos, você imagina qual foi a mais notável honra recebida por Maddux? Ele foi reconhecido como o melhor rebatedor da Liga Nacional, recebendo a Luva de Ouro por dez anos consecutivos!

A maioria dos lançadores não é reconhecida por sua capacidade de interceptar a bola. Quando uma bola difícil é arremessada a um lançador, ou quando o lançador precisa cobrir a primeira base numa jogada difícil do lado direito, na parte central do campo, muitas vezes os outros jogadores da equipe prendem a respiração em conjunto. Se existe um jogador com maior probabilidade de cometer erros no campo, este jogador é o lançador. Mas este não é o caso de Maddux. Ele trabalha na recepção com o mesmo empenho que fez dele um excepcional lançador. O resultado é uma carreira que passou por apenas quarenta erros em quinze anos (sendo que, em duas temporadas, ele não cometeu nenhum erro).

Se você quer que seus colegas de equipe confiem em você, que saibam que podem contar com você todos dias, tome alguém como Maddux como seu exemplo. Solidez é fundamental.

5. Coesão

As equipes precisam desenvolver coesão. Esta é a habilidade para manter a equipe unida, não importa o quanto as circunstâncias sejam difíceis. O integrante da equipe SEAL John Roat descreve coesão da seguinte maneira:

Coesão é o tipo do termo que todos acreditam saber o que significa. Na verdade, a maioria das pessoas não tem a mínima ideia do que seja. Certamente não tem a relação com afeto ou gentilezas mútuas. Significa ter orgulho da capacidade que seu grupo tem de trabalhar em um nível mais elevado do que é possível para os membros individualmente. O grupo não brilha por você ser um membro dele, mas porque você é bom o suficiente para ser membro dele.

> Há um velho ditado que diz: "Se não estivermos unindo forças, estamos nos separando."

Há um velho ditado que diz: "Se não estivermos unindo forças, estamos nos separando." Sem coesão, as pessoas não são verdadeiramente uma equipe, pois não estão realmente juntas. São simplesmente um grupo de pessoas trabalhando para a mesma organização.

O romancista e ativista de direitos humanos James Baldwin afirmou:

"A partir do momento em que perdemos a fé uns nos outros, o mar nos engolfa e a luz desaparece." Pode-se dizer, portanto, que confiar é ser capaz de ter fé em nossos colegas de equipe, independente daquilo que possa acontecer. Quando tudo desaba, podemos nos voltar aos membros da equipe. Vamos encarar o fato: não fazemos nada verdadeiramente importante sem confiarmos. Os membros da equipe devem ser capazes de contar uns com os outros quando isso for importante.

Confiança perdida

Quando surge um grande exemplo de perda de confiança capaz de destruir uma equipe, você o reconhece imediatamente. Quando os pais abandonam seus filhos, um cônjuge acusa o outro de infidelidade ou filhos enganam seus pais de maneira insensível, há um desrespeito à confiança na família. Quando os funcionários desviam dinheiro ou líderes abusam do poder confiado a eles pelas pessoas da organização, há um enfraquecimento da confiança na empresa. E quando um oficial de uma agência governamental é culpado de espionagem, isso não apenas prejudica seus colegas de equipe, mas trai a confiança das pessoas no país inteiro.

No início de 2001, quando surgiram as notícias de que um agente do FBI fora apanhado passando informações altamente secretas da segurança nacional para a Rússia e para a antiga União Soviética, a primeira coisa que pensei foi na Lei da Confiança. O homem nesse caso era Robert Philip Hanssen, um agente da contrainteligência que fizera carreira no FBI.

Hanssen é suspeito de ter entregue à KGB (e à organização que a substituiu, chamada SVR) informações muito importantes em mais de vinte ocasiões. Essas informações totalizaram mais de 6.000 páginas de material, incluindo técnicas investigativas da contrainteligência, fontes, métodos e operações. Assim como no caso de Aldridge Ames, o oficial da contrainteligência da CIA condenado por espionagem em 1994, acredita-se que a informação passada ilegalmente por Hanssen terminou precipitando as mortes de agentes de campo que trabalhavam para o governo americano.

Ninguém simpatiza com traidores. Na verdade, os EUA ainda associam o nome de Benedict Arnold à deslealdade e traição, muito embora suas ações tenham ocorrido há mais de duzentos anos (poucos se lembram de que Arnold foi um brilhante líder militar). Mas o que torna o caso Hanssen especialmente repugnante é o fato de o traidor ter sido membro de uma equipe que, devido à confiança depositada pelas pessoas, mantém altos níveis de conduta. O FBI identifica seus principais valores como sendo de "rigorosa obediência à constituição dos Estados Unidos; respeito pela dignidade de todos a quem protegemos; compaixão; justiça; e uma sólida integridade pessoal e institucional".[8] O diretor do FBI, Louis J. Freech, falou o seguinte sobre Hanssen:

> A quebra da confiança em um agente do FBI que não apenas jurou cumprir a lei, mas ajudar a proteger a segurança de nossa nação, é particularmente detestável. Esse tipo de conduta criminal representa a maior traição que se pode imaginar... também atinge a essência de tudo o que o FBI representa — o compromisso de mais de 28 mil homens e mulheres honestos e dedicados que trabalham no FBI de maneira diligente para ganhar a confiança e a fé do povo americano diariamente.[9]

Em outras palavras, os membros da equipe devem ser capazes de contar uns com os outros quando isso for importante. Robert Hanssen traiu a fé que faz da confiança algo possível. Podem se passar décadas até descobrirmos a total extensão dos danos que ele causou ao país. É um pensamento terrível, mas é o preço que, às vezes, deve ser pago quando alguém quebra a Lei da Confiança.

Pensamento de equipe

O melhor elogio que você pode receber é ser considerado digno de confiança.

Tornando-se um membro de equipe melhor

As pessoas costumam dizer que a imitação é um tipo de elogio. Com relação ao trabalho em equipe, acredito que o mais alto elogio que alguém pode receber é a confiança de seus colegas de equipe quando o que importa é o bem do grupo.

Qual é o sentimento que seus colegas de equipe têm com relação a você? No capítulo 6, conversamos sobre o modo com que os catalisadores estabelecem um novo patamar de operação na equipe quando surgem os momentos difíceis. Não importa se você é ou não o tipo de membro de equipe que faz as coisas acontecerem e que, assim, faz a diferença quando o jogo está acontecendo. Tudo bem. Mas pode-se contar com você em relação a sua parte, qualquer que seja ela, quando seus colegas de equipe precisam de você? Você age de maneira tal que a equipe o considera alguém em quem se pode confiar? Como você está se saindo em cada uma das áreas examinadas neste capítulo?

- Sua integridade é incontestável (caráter)?
- Você desempenha suas tarefas com perfeição (competência)?
- Você é dedicado ao sucesso da equipe (compromisso)?
- As pessoas podem depender de você em todos os momentos (solidez)?
- Suas atitudes unem a equipe (coesão)?

Se você é ineficiente em alguma dessas áreas, converse com um conselheiro ou uma pessoa de confiança para obter sugestões sobre como desenvolver a área em questão.

Tornando-se um líder de equipe melhor

Desenvolver confiança e coesão entre os membros da equipe nem sempre é uma tarefa fácil. E leva tempo. Se você é responsável por liderar sua equipe, use as sugestões de William A. Cohen na obra *The Art of the Leader* para formar uma equipe capaz de confiança mútua quando isso for importante:

- Desenvolva o orgulho de participar da equipe.
- Convença a sua equipe de que eles são os melhores.

- Mostre reconhecimento sempre que possível.
- Encoraje lemas, nomes, símbolos e slogans organizacionais.
- Institua o valor do grupo examinando e promovendo sua história e seus valores.
- Concentre-se no propósito em comum.
- Encoraje as pessoas a participarem de atividades conjuntas fora do ambiente de trabalho.[10]

Quanto mais dessas atividades você passar a adotar, maior confiança desenvolverá.

10. A Lei do Preço a Pagar

A equipe deixa de alcançar seu potencial quando não paga o preço

Em 28 de dezembro de 2000, uma das mais famosas lojas de varejo, a Montgomery Ward and Company, anunciou que estava abrindo falência e fecharia suas portas para sempre. Esse anúncio deprimiu as pessoas de Chicago, pois a Ward estava presente naquela cidade havia mais de um século. O mais triste foi que a falência da companhia poderia ter sido evitada se os líderes tivessem aprendido e praticado a Lei do Preço a Pagar antes que fosse tarde demais.

Os primórdios dessa cadeia de lojas de varejo são algo realmente notável. A empresa foi fundada em 1872 por Aaron Montgomery Ward, um jovem vendedor que trabalhara em vários armazéns por todo o Centro-Oeste e o Sul. Enquanto trabalhava em áreas rurais, distantes das cidades grandes, ele descobriu que muitos consumidores das áreas remotas estavam à mercê dos comerciantes locais que normalmente exploravam os moradores com preços altos. Isso lhe deu uma ideia. As estradas de ferro e os correios estavam se aperfeiçoando naquela época. E se ele levasse mercadorias compradas diretamente dos produtores a preço de atacado e entregasse via correio aos consumidores rurais, eliminando assim os atravessadores que extorquiam os consumidores?

Pagando o preço do pioneirismo

Em 1871, Ward economizou o suficiente em seu trabalho como vendedor para comprar algumas mercadorias e imprimir uma lista de preços de uma única página. Ele havia planejado enviar essa lista pelo correio para alguns fazendeiros que pertenciam a uma associação de amigos. Contudo, antes que pudesse seguir adiante com seu plano, o devastador incêndio da cidade de Chicago, em 1871, destruiu seu estoque e suas listas de preços. Esse revés não impediu Ward de prosseguir. Ele convenceu dois colegas de vendas a juntarem-se a ele como sócios, começou a reconstruir seu estoque e reimprimiu suas listas de preço, que se tornaram o primeiro catálogo geral de produtos enviados pelo correio. Em 1872, aos 28 anos de idade, Ward abriu seu negócio.

De início, Ward obteve sucesso apenas moderado. Na verdade, após um ano no negócio, seus dois sócios tornaram-se temerosos e pediram para sair da sociedade. Ward liquidou suas contas e chamou seu amigo George Thorne para dividir a sociedade. Juntos, eles trabalharam com afinco, recebendo os pedidos e enviando as mercadorias pelos trilhos. Enquanto isso, em 1875, Ward e Thorne tiveram uma ideia inovadora. Decidiram incluir um novo "credo" em seus catálogos, que dizia: "Satisfação garantida ou seu dinheiro de volta." E o negócio decolou.

A tenacidade e a disposição de Ward em pagar o preço duas vezes por começar seu próprio negócio gerou resultados em menos de uma década depois. A empresa que havia começado com um capital de US$ 1.600 em 1872 tinha um faturamento da ordem de US$ 300 mil em 1878. Nove anos depois, as vendas atingiram um milhão de dólares. Na virada do século, o catálogo da Companhia Montgomery Ward, que viria a ser conhecido como "O Livro dos Desejos", chegava a ter quinhentas páginas e era enviado a mais de um milhão de pessoas todos os anos. A sede da empresa ficava num edifício novo da Michigan Avenue, em Chicago — o mais alto arranha-céu a oeste da cidade de Nova York.[1]

Deixando de pagar

Então, em 1901, Montgomery Ward aposentou-se, visando passar o resto de sua vida trabalhando para tornar Chicago o melhor lugar para se viver. Durante as primeiras décadas do novo século, a empresa continuou a prosperar. Porém, no final da década de 1910, as coisas começaram a mudar. O sucesso de Ward provocou o surgimento de outra empresa com base na cidade de Chicago em 1886: a Sears Roebuck and Co. Tal como a Companhia Montgomery Ward, a Sears era uma empresa de catálogos que fornecia produtos a consumidores rurais. Na época em que as duas companhias iniciaram, a maioria da população americana vivia em áreas rurais. Mas o país estava mudando. As cidades estavam sendo ocupadas. Ao ser concluído, o censo de 1920 mostrava que, pela primeira vez na história da nação, a maioria da população vivia em centros urbanos e, como consequência, os hábitos de compra estavam mudando.

Robert E. Wood, ex-general intendente do Exército, foi contratado para dirigir a Montgomery Ward em 1919 e pôde presenciar a explosão ocorrida nas vendas a varejo. Ele desejava abrir lojas nas cidades, onde as pessoas poderiam comprar pessoalmente, mas os donos não estavam dispostos a prosseguir com a ideia.[2] Eles simplesmente não queriam pagar o preço de efetuar a mudança.

Ultrapassagem

Ciente de onde estava o futuro dos negócios, Wood deixou a Ward. Em 1924, uniu-se à Sears, assumindo o cargo de vice-presidente. Convenceu as pessoas que dirigiam aquela empresa a se arriscarem nas vendas em lojas de varejo. Eles concordaram em abrir uma loja em Chicago no ano seguinte, como um teste. Foi um sucesso imediato. Dois anos depois, a Sears já havia aberto 27 lojas. Em 1929, eram mais de 300. Mesmo durante a Depressão, a Sears continuou a se expandir e, em 1931, as vendas das lojas Sears superaram as vendas por catálogos.[3] Wood foi promovido a presidente da empresa, posição que ocupou até 1954. A Sears tornou-se a mais bem-sucedida cadeia de lojas de departamentos do país.

A Montgomery Ward nunca se recuperou plenamente daquele erro inicial. Abriu algumas lojas de varejo, mas isso não foi suficientemente ofensivo para alcançar a Sears. A equipe deixa de alcançar seu potencial quando não paga o preço. Em diversas outras ocasiões, a Ward não pagou o preço. Durante a Depressão, poupou capital e conteve sua expansão, enquanto a Sears ganhava cada vez mais terreno. Depois da Segunda Guerra

Mundial, quando outras lojas começaram a se mudar para os subúrbios, Ward falhou ao não aproveitar a oportunidade de voltar ao topo. Sempre que o mercado mudava, os líderes da empresa não pagavam o preço necessário para ganhar aquele mercado. Durante os últimos 25 anos do século 20, lutaram para manter suas portas abertas. Finalmente, depois de 128 anos no mercado, a Montgomery Ward fechou. É isto o que pode acontecer quando as pessoas desrespeitam a Lei do Preço a Pagar.

O que está embutido no preço

Se uma equipe não alcança seu potencial, raramente o problema é habilidade. Também não é comum que a causa seja a falta de recursos. É quase sempre uma questão de pagamento. A Companhia Montgomery Ward tinha muitos recursos e o talento necessário, incluindo o líder que era capaz de levar a equipe adiante. O problema é que os donos da empresa não estavam dispostos a sair da comodidade, assumindo riscos e tentando conquistar novos espaços.

Uma das razões pelas quais as equipes deixam de pagar o preço para alcançar seu potencial é o fato de não compreenderem a Lei do Preço a Pagar. A verdade é que elas não sabem como a lei funciona. Permita-me mostrar quatro verdades sobre esta lei que vão ajudá-lo a entendê-la melhor.

1. *O preço deve ser pago por todos*

No livro *Straight Talk for Monday Morning*, Allan Cox fez a seguinte observação:

> É preciso abdicar de algo para ser membro de uma equipe. Pode ser um falso papel que você atribuiu a si mesmo, tal como a pessoa que fala demais, a mulher que fica calada, o sabe-tudo, o sabe-nada, aquele que se apropria dos talentosos subordinados, aquele que não compartilha um recurso como um Sistema de Informações Gerenciais (os chamados Management Information Systems) ou qualquer outra coisa. Você abdica de alguma coisa, para ser mais preciso, como uma mesquinha posição de privilégio, mas, em retorno, obtém a autenticidade. Além do mais, a equipe não despreza realizações individuais; em vez disso, valoriza as contribuições pessoais.[4]

Se alguém não paga o preço da vitória, todos pagarão o preço da derrota.

Pessoas que nunca tiveram a experiência de estar na equipe vencedora geralmente não percebem que todos os membros da equipe devem pagar um preço. Creio que alguns deles imaginam que, se os outros trabalharem duro, poderão simplesmente colocar seu potencial em ponto morto. Mas isso nunca é verdade. Se alguém não paga o preço da vitória, todos pagarão o preço da derrota.

2. O preço deve ser pago o tempo todo

Muitas pessoas têm aquilo que denomino "a doença do destino". Descrevo isso em meu livro *As 21 Indispensáveis Qualidades de um Líder*:

> Algumas pessoas erroneamente acreditam que, se elas podem alcançar determinada meta, não precisam mais crescer. Isso pode acontecer em qualquer situação: ao obter um diploma, uma posição cobiçada, uma recompensa pessoal ou atingir uma meta financeira.
>
> Entretanto, os líderes eficientes não se podem dar ao luxo de pensar dessa forma. No dia em que pararem de crescer, serão privados de seu potencial — e do potencial da organização. Lembre-se das palavras de Ray Kroc: "Enquanto você estiver verde, estará crescendo. Assim que amadurecer, começará a estragar-se."[5]

A doença do destino é tão perigosa para a equipe quanto para qualquer indivíduo, pois nos faz acreditar que podemos parar de trabalhar, de lutar, de pagar o preço — até mesmo de buscar nosso potencial. Porém, como disse Earl Blaik, o ex-técnico de futebol da Academia Militar dos Estados Unidos, "Não há substituto para o trabalho. Ele é o preço do sucesso".

> Não existem vitórias a preços promocionais.
> — Dwight D. Eisenhower

Esta verdade nunca desaparece. É por isso que o presidente Dwight D. Eisenhower comentou: "Não existem vitórias a preços promocionais." Se você quer atingir seu potencial, nunca poderá se descuidar.

3. O preço aumenta se a equipe deseja melhorar, mudar ou continuar vencendo

Como mencionei na introdução deste livro, existem poucos campeões seguidos nos campeonatos. Poucas empresas permanecem no topo da lista da revista Forbes por uma década. Paga-se um preço alto para se tornar um campeão. Contudo, permanecer no topo custa ainda mais. Superar-se é ainda mais custoso. Quanto mais alto se encontra, mais você tem a pagar ao realizar pequenas melhorias. Os corredores de nível internacional melhoram seus tempos não em segundos, mas em centésimos de um segundo.

> A maioria das pessoas que desistem não o faz logo na base da montanha; elas param no meio do caminho.

Ninguém chega mais perto de seu próprio potencial sem, de alguma maneira, pagar para alcançá-lo. Se você quer mudar de profissão, precisa de mais estudo, mais experiência no trabalho, ou ambos. Se deseja fazer uma corrida num tempo menor, deve pagar por um treinamento mais severo e mais racional. Se deseja aumentar os rendimentos de suas aplicações, deve investir mais dinheiro ou assumir maiores riscos. O mesmo princípio se aplica às equipes. Para melhorar, mudar ou continuar vencendo, a equipe como um todo deve pagar um preço, assim como os indivíduos que a compõem.

4. O preço nunca diminui

A maioria das pessoas que desistem não o faz logo na base da montanha; elas param no meio do caminho. Ninguém inicia coisa alguma com o propósito de perder. O problema é geralmente uma falsa crença de que chegará o momento em que o sucesso repentinamente se tornará mais barato. Mas a vida raramente funciona dessa maneira.

Talvez esse tipo de pensamento tenha sido o problema da Companhia Montgomery Ward. Em 1919, quando os que tomavam decisões tiveram a chance de tornar a Ward a primeira grande empresa a abrir uma cadeia de lojas de varejo, provavelmente avaliaram que isso lhes custaria muito — em termos de tempo, dinheiro, esforços e mudanças — e acharam que seria um preço muito grande a ser pago. Agindo assim, eles perderam a oportunidade.

Alguns anos depois, quando a Sears deixou a Ward comendo poeira, o custo da competição era ainda maior. A empresa pagou para entrar em um mercado de lojas de varejo, mas ainda permaneceu atrás. Esse preço continuou a crescer ano após ano, especialmente à medida que a Sears superava a Ward garantindo locais privilegiados. Até mesmo recentemente, nas décadas de 1970 e 1980, a Ward pagou cada vez mais para melhorar, embora perdesse cada vez mais terreno. A empresa atirou em várias direções, tentando competir com companhias como Wal-Mart, Target e Circuit City, mas continuou sendo derrotada. Os dirigentes achavam que o preço seria menor na próxima vez, mas ele continuava a subir cada vez mais.

No que se refere à Lei do Preço a Pagar, creio que há somente dois tipos de equipes que a desrespeitam: aquelas que não percebem o preço do sucesso e aquelas que sabem qual é o preço, mas não estão dispostas a pagá-lo. Ninguém pode compelir um membro da equipe a ter vontade de ser bem-sucedido. Cada pessoa deve decidir por si mesma se o seu objetivo é digno do preço que deve ser pago. Contudo, todos devem saber o que esperar em termos de preço para que a equipe seja bem-sucedida.

O preço do trabalho em equipe

Por essa razão, ofereço as seguintes observações sobre o custo de se fazer parte de uma equipe vencedora. Para se tornar um verdadeiro membro de equipe, será exigido de você e de seus colegas ao menos os itens listados a seguir.

Sacrifício

Não existe sucesso sem sacrifício. James Allen fez a seguinte observação: "Aquele que quer realizar pouco, vai se sacrificar pouco; aquele que quer realizar muito, vai se sacrificar muito." Ao se tornar parte de uma equipe, você precisa estar ciente de que precisará abdicar de algumas coisas. Mas pode-se ter certeza de que, independente do quanto esteja disposto a oferecer à equipe, em algum momento você será solicitado a oferecer mais. Assim é a natureza do trabalho em equipe. A equipe chega ao topo somente através do suor, da entrega e sacrifício de seus componentes.

Compromisso

O trabalho em equipe não é barato, custa seu tempo — o que significa dizer que você paga por ele com sua vida. Leva tempo conhecer as pessoas, construir relacionamentos com elas, aprender como vocês podem trabalhar juntos. O trabalho em equipe não pode ser desenvolvido no tempo do microondas. As equipes se fortalecem no fogão a lenha.

Desenvolvimento pessoal

Sua equipe alcançará seu potencial somente se você alcançar o seu. Isso significa que a habilidade que se tem hoje não é suficiente. Para falar nos termos do especialista em liderança Max DePree, "Não conseguiremos nos tornar aquilo que precisamos ser se continuarmos a ser o que somos". O desejo de continuar se esforçando e de melhorar é o fator-chave da habilidade, mas também é importante para a melhoria da equipe. Por isso John Wooden, um admirável líder de equipe e o maior técnico de basquete colegial de todos os tempos disse: "O que conta é aquilo que você aprende depois que sabe tudo." Sua equipe alcançará seu potencial somente se você alcançar o seu.

Abnegação

As pessoas naturalmente se preocupam consigo mesmas. A pergunta "o que eu ganho com isso?" nunca está longe de seus pensamentos. Mas, se uma equipe precisa alcançar seu potencial, seus membros devem colocar os interesses da equipe à frente de seus próprios interesses. Algumas pessoas veem a perspectiva global mais facilmente do que outros e, assim, percebem que receberão mais se se dedicarem mais. Para outros, isso é mais difícil, especialmente se já possuem uma lista de grandes realizações. Mas a Teoria do Bumerangue, de Jackson Brown, é verdadeira: "Quando você entrega o que tem de melhor ao mundo, o mundo retribui seu favor." Se você entrega o que tem de melhor para a equipe, a equipe devolverá ainda mais, e juntos vocês realizarão mais do que poderiam realizar individualmente.

Certamente existem outros preços que precisamos pagar para fazermos parte de uma equipe. Possivelmente você pode listar vários preços específicos que você mesmo já pagou para estar numa equipe. A questão é que alguns podem optar por permanecer às margens da vida e tentar fazer tudo sozinhos. Ou então podem entrar no jogo, fazendo parte de uma equipe. É uma troca entre independência e interdependência. As recompensas de um trabalho em equipe podem ser formidáveis, mas sempre haverá um custo. Você sempre precisará abdicar de algo para crescer.

Há cerca de um mês, falei sobre as 17 *Leis do Trabalho em Equipe* para um grupo de empresários na cidade de Atlanta e, depois de ter descrito a Lei do Preço a Pagar, Virgil Berry veio até mim e passou-me um bilhete, que dizia: "John, o preço a pagar pelo fracasso é maior que o preço do sucesso. O preço por aceitar fracasso é a pobreza, a depressão, a melancolia e um espírito oprimido." As pessoas que trabalhavam na Montgomery Ward sabem disso muito bem. A equipe deixa de alcançar seu potencial quando não paga o preço.

Qual é o preço de uma nação?

Pagar um alto preço nem sempre garante a vitória. Muitas equipes se sacrificaram voluntariamente e fracassaram em seus objetivos. Às vezes, contudo, um grande sacrifício é recompensado com grandes resultados. Foi esse o caso do Exército Revolucionário do então recém-formado país chamado Estados Unidos e seu comandante, George Washington, durante o inverno de 1777 em Valley Forge, Pensilvânia.

O ano de 1777 não foi particularmente bem-sucedido para o general Washington e suas tropas. Logo depois das derrotas em Brandwyne, Paoli e Germantown, e da perda da Filadélfia para os ingleses, Washington e onze mil soldados rumaram para o Valley Forge em 19 de dezembro daquele ano. As tropas estavam desmoralizadas e enfrentavam a perspectiva de um terrível inverno com pouco abrigo e conforto.

Provavelmente o que aqueles homens mais desejavam era ir para casa e esquecer aquela história de luta pela liberdade. Porém, se eles o fizessem, o custo seria muito alto. Situados onde estavam, poderiam vigiar as tropas britânicas sob o comando do General Howe na Filadélfia. O mais importante ainda era estarem num local de onde poderiam defender a cidade de York, Pensilvânia, para onde o Congresso Continental havia se refugiado quando a capital fora tomada pelos ingleses. Se os homens no Valley Forge não houvessem pagado o preço, o governo teria caído, o exército teria sido desbaratado e a Guerra Revolucionária estaria perdida.

As condições eram bastante terríveis. Os homens estavam mal equipados e quase sem suprimentos. Poucos dias depois de sua chegada, Washington escreveu ao Congresso Continental dizendo: "2.898 homens não estavam em condições de realizar a tarefa por estarem descalços ou seminus [vestidos de maneira inadequada para as rígidas intempéries]." As coisas estavam tão ruins que as sentinelas precisavam ficar em cima de seus chapéus para evitar o congelamento de seus pés. Em 1º de fevereiro de 1778, apenas cinco mil homens estavam disponíveis para o serviço.[6]

Pagando o preço — e algo mais

Milagrosamente, as tropas não desistiram. Os soldados suportaram a intensidade daquele inverno rigoroso. Mas fizeram muito mais do que simplesmente aguentar e sobreviver. Eles aproveitaram a ocasião para se tornarem soldados melhores. Antes de sua estada no Valley Forge, estavam desorganizados e sem treinamento. Para solucionar isso, o general Washington empregou o talento de um ex-oficial do exército da Prússia, o Barão von Steuben.

Em primeiro lugar, von Steuben impôs ordem no campo e introduziu melhorias no saneamento. Então, sob sua instrução, um agrupamento de homens foi transformado num regimento de soldados de elite. Estes, por sua vez, ajudaram a treinar os outros agrupamentos. Von Steuben também padronizou as manobras militares, de modo que todo o exército pudesse trabalhar melhor como uma equipe, independente de quais oficiais estivessem comandando. Na época em que o exército foi mobilizado, em junho de 1778, já se encontravam no mesmo nível de qualquer outro grupo de soldados, até mesmo dos ingleses, que eram considerados por alguns como os melhores do mundo.

O exército de Washington prosseguiu para vencer as batalhas contra o exército britânico, que possuía um número muito maior de soldados. Seus soldados lutaram na batalha de Yorktown, o momento decisivo que alterou o curso da guerra em favor do país recém-formado. Aqueles de nós que vivem nos Estados Unidos são muito gratos a esses soldados, pois o preço que pagaram ali, há mais de duzentos anos, preparou o caminho para vivermos num país de grande liberdade e oportunidade. Embora seja verdade que a equipe deixa de alcançar seu potencial quando não paga o preço, também é verdade que, quando o preço é pago, as recompensas podem ser inúmeras. Esta é a bênção da Lei do Preço a Pagar.

Pensamento de equipe

Raramente se obtém mais do que se paga.

Tornando-se um membro de equipe melhor

Se você é um realizador, provavelmente tem diversos sonhos e objetivos. Anote algumas das coisas que deseja realizar nos próximos cinco anos:

1. _____
2. _____
3. _____
4. _____
5. _____
6. _____
7. _____
8. _____
9. _____
10. _____

Agora, de qual dessas coisas você está disposto a abdicar? Você precisa estar sempre pronto a fazer essa pergunta a si mesmo quando faz parte de uma equipe. Quando seus objetivos pessoais conflitarem com os objetivos mais importantes de sua equipe, você tem três opções:

1. Desistir de seu objetivo (porque o objetivo da equipe é mais importante).

2. Postergar seu objetivo (porque este não é o momento certo).
3. Separar-se da equipe (porque é melhor para todos).

A única coisa que você não tem o direito de fazer é esperar que a equipe sacrifique seus objetivos coletivos por sua causa.

Tornando-se um líder de equipe melhor

Se você é o líder de uma equipe, deve convencer seus colegas a sacrificarem-se para o bem do grupo. Quanto mais talentosos forem os membros da equipe, mais difícil será convencê-los a colocar a equipe em primeiro lugar.

Comece exemplificando o sacrifício. Demonstre à equipe que você está...

- Disposto a fazer sacrifícios financeiros pela equipe.
- Disposto a continuar crescendo pelo bem da equipe.
- Disposto a transmitir poderes a outros pelo bem da equipe.
- Disposto a tomar decisões difíceis pelo bem da equipe.

Depois de ilustrar sua disposição em pagar um preço pelo potencial da equipe, você tem credibilidade para pedir aos demais que façam o mesmo. Então, quando identificar os sacrifícios que os membros da equipe devem fazer pela equipe, mostre-lhes por que e como fazê-lo. Depois, elogie seus sacrifícios diante dos outros membros da equipe.

11. A Lei do Placar

A equipe pode fazer ajustes quando sabe onde está

No capítulo anterior, você leu sobre a Companhia Montgomery Ward, uma empresa americana que passou por momentos difíceis porque não seguiu à risca a Lei do Preço a Pagar. Durante algumas décadas, parecia que mais uma instituição americana estava fadada ao mesmo tipo de desastre: a Walt Disney Productions.

O rato que rugiu

A empresa foi fundada por Walt Disney e seu irmão Roy em 1926. Eles começaram fazendo curtas-metragens de animações mudas e cresceram a ponto de se transformar em uma das mais adoradas e respeitadas companhias de entretenimento no mundo. Eles sempre conquistaram novos terrenos. A Disney produziu o primeiro desenho animado falado e o primeiro desenho colorido, ambos estrelados por Mickey Mouse que, desde então, tornou-se um ícone da América. Branca de Neve e os Sete Anões, o primeiro longa-metragem de animação, foi uma ideia radicalmente inovadora. Enquanto era produzido, muitos chamaram o projeto de "a loucura de Disney". Quando foi lançado, em 1937, tornou-se o filme de maior sucesso até aquele momento (alguns dizem que foi o mais bem-sucedido filme de todos os tempos!).

Durante as duas décadas que se seguiram, a Walt Disney Productions fez filmes admiráveis que se tornaram clássicos, e também expandiu produção para a televisão. Abriu o primeiro parque temático do mundo. O nome Disney virou sinônimo de entretenimento familiar criativo.

A empresa que se lamentava

Porém, após a morte de Walt, em 1966, a empresa começou a descer por uma estrada bastante acidentada. A Walt Disney Productions, um dia aclamada por sua inovação, passou a se caracterizar pela imitação — de seus próprios sucessos passados. Don Bluth, que deixou a Disney em 1979, comentou o seguinte: "Nós nos sentíamos como se estivéssemos fazendo animação do mesmo filme repetidamente, apenas mudando um pouco as expressões."[1]

Em vez de tentar enxergar adiante e partir para novos rumos, Card Walker, supervisor da produção dos filmes, sempre perguntava a si mesmo: "o que Walt faria?" As pessoas do estúdio começaram a fazer uma piada mórbida, dizendo: "Estamos trabalhando para um homem morto." A empresa rodava filmes que seguiam a mesma fórmula e não davam lucro, fazendo com que o faturamento continuasse a encolher. Em 1981, a divisão de filmes obteve um rendimento de US$ 34,6 milhões. No ano seguinte, o faturamento caiu para US$ 19,6 milhões. Em 1983, registrou-se um prejuízo de US$ 33,3 milhões. O valor das ações da Disney estava caindo vertiginosamente.

Durante aquele período, muitas empresas americanas estavam se tornando vítimas de apropriações hostis, em que os operadores de Wall Street assumiam o controle de empresas, cortavam-nas em pedaços e vendiam as partes com grande lucro para si mesmos e para seus patrocinadores. Uma vez que o valor das ações da Disney estava baixo e a empresa tinha poucas dívidas, tornou-se propensa a apropriações hostis.

Em 1984, a Disney evitou por pouco uma tentativa de apropriação e sofria ameaças de outra quando a diretoria finalmente olhou com seriedade para onde a Disney se encontrava. Eles decidiram que, se a companhia deveria sobreviver, mudanças radicais seriam necessárias, incluindo algo que nunca havia acontecido em sua história: trazer alguém de fora da Disney para dirigir a empresa.

Voltando ao jogo

As pessoas optaram por modificar a Disney, colocando Michael Eisner como *chairman* e diretor-executivo, e Frank Wells como presidente e COO. Analisando a tarefa desafiadora que se lhes apresentava, Eisner comentou:

> Nossa tarefa não era criar algo novo, mas trazer de volta a magia, vestir a Disney com roupas da moda e expandir seu alcance, relembrando às pessoas por que elas amavam a companhia em primeiro lugar... uma marca é uma entidade viva e é enriquecida ou empobrecida cumulativamente com o passar do tempo, o resultado de milhares de pequenas realizações.[3]

Eisner estava escrevendo sobre seu trabalho com a marca Disney, mas seus comentários descrevem a postura que ele e Wells assumiram para revitalizar a companhia inteira. Isso envolvia uma variedade de estratégias.

Numa primeira etapa, eles mudaram o nome da organização de Walt Disney Productions para Walt Disney Company, refletindo a diversidade de seus interesses. Reuniram todos os executivos da empresa e os chefes de divisão para almoços semanais com o objetivo de promover coesão e de compartilhar ideias entre todas as divisões. Eles também contrataram líderes-chave, como Jeffrey Katzenberg, para conduzir as operações de filmes e televisão.

Gol!

Em poucos anos, a Disney tornou-se novamente um elemento essencial da indústria de entretenimento. A divisão de televisão, quase extinta um dia, produziu sucessos como The Golden Girls e Home Improvement. A divisão de filmes, que recentemente havia produzido poucos filmes e perdido muito dinheiro, começou a produzir mais filmes e em maior volume, sendo que 27 de um total de 33 filmes deram lucro. Logo a empresa tinha quatro divisões de filmes: Disney, Touchstone, Hollywood Pictures e Miramax. No final de 1987, a Disney tornou-se o primeiro estúdio em termos de bilheteria pela primeira vez em sua história. A divisão de animação mais uma vez deu o tom para a indústria, criando filmes como A Pequena Sereia, A Bela e a Fera, Alladin e Rei Leão.

Eisner e Wells expandiram os esforços da companhia para novas áreas. Aumentaram suas propriedades e construíram diversos hotéis na Walt Disney World. Em 1987, abriram pela primeira vez lojas de varejo em shoppings. Quatro anos depois, a Disney possuía 125 lojas, que geravam um faturamento de trezentos milhões de dólares anuais. Naturalmente, aprimoraram os parques temáticos pela expansão, inovação e parcerias estratégicas com pessoas como George Lucas e Steven Spielberg. Ao assumirem a companhia em 1984, os parques geravam receitas de 250 milhões de dólares. Em 1990, esse faturamento alcançou oitocentos milhões de dólares.

Em 2000, a Walt Disney Company obteve um faturamento de 25,4 bilhões de dólares, sendo 2,9 bilhões de lucro líquido (mais que o dobro dos dados de 1984).[4] A Disney fez muito mais do que simplesmente mudar de rumo. Tornou-se uma gigante do entretenimento e uma das mais poderosas corporações do mundo. Durante os vários anos em que a companhia passou por dificuldades, os membros de suas equipes examinaram sua história e a memória de seu falecido fundador para estimar o que deveriam fazer. O que eles precisaram fazer foi verificar o "placar". A equipe pode fazer ajustes quando sabe onde está. Eisner e Wells trouxeram essa habilidade para a companhia. Eles compreenderam e implementaram a Lei do Placar.

Realçando o placar

Todo "jogo" tem suas próprias regras e suas definições para o que significa vencer. Algumas equipes medem seu sucesso em pontos marcados; outras, em lucros. Há ainda outros que podem olhar para o número de pessoas a quem servem. Mas independente de qual seja o jogo, sempre existe um placar. Se uma equipe deseja atingir seus objetivos, precisa saber onde está. Precisa olhar para si à luz do placar. Por que isso é tão importante? Porque as equipes de sucesso fazem ajustes para aprimorarem continuamente a si e a sua situação. Pense, por exemplo, na maneira pela qual um time de futebol encara um jogo. Antes de a competição começar, a equipe passa um tempo enorme planejando. Os jogadores assistem a fitas de outros jogos, e passam dias imaginando qual será a provável jogada de seu adversário e optam pela melhor maneira de vencer. Eles terminam esse período com um plano detalhado do jogo.

> Se uma equipe deseja atingir seus objetivos, precisa saber onde está.

Quando o jogo começa, o plano é bastante importante e o placar não significa nada. Contudo, à medida que o jogo prossegue, o plano de jogo cada vez mais perde a importância e o placar começa a ter significado. Por quê? Porque o jogo está mudando constantemente. Como você vê, o plano de jogo diz o que você quer que aconteça. Mas o placar diz o que está acontecendo.

Por que o placar?

Nenhuma equipe pode ignorar a realidade de sua situação e vencer. Durante vários anos, a Disney apegou-se tenazmente a um plano de jogo ultrapassado, enquanto o mundo e a indústria de entretenimento mudavam à sua volta. A equipe da Disney nunca olhou o placar seriamente. O resultado foi que continuavam perdendo. Isso acontece quando você ignora a Lei do Placar.

Para qualquer tipo de equipe, o placar é essencial nos seguintes aspectos:

1. O placar é essencial à compreensão

Nos esportes, jogadores, técnicos e fãs sabem a importância do placar, que por isso é tão visível em qualquer estádio, arena ou campo.

O placar fornece um instantâneo do jogo a qualquer momento. Se você chega no meio de um jogo, basta olhar o placar e avaliar a situação de maneira bem precisa.

Fico surpreso em ver quantas pessoas fora do mundo dos esportes tentam ser bem-sucedidas sem um placar. Algumas famílias cuidam de suas casas sem realizar orçamentos, e contudo se perguntam por que estão endividadas. Alguns donos de pequenos negócios passam anos a fio sem fazer um controle de suas vendas ou um balanço de suas contas, e imaginam por que o negócio não progride. Alguns pastores se envolvem com atividades realmente importantes, mas nunca param para calcular se estão atingindo as pessoas ou trabalhando de acordo com os padrões bíblicos.

> O placar fornece um instantâneo do jogo a qualquer momento.

2. O placar é essencial para a avaliação

Creio que o desenvolvimento pessoal é a chave do sucesso. É por isso que tenho ministrado sobre desenvolvimento nas conferências e em meus livros por mais de vinte anos. Um princípio básico que ensino é este:

$$\text{Desenvolvimento} = \text{Mudança}$$

Parece bastante simples, não? Mas às vezes as pessoas perdem de vista o fato de não poderem crescer e permanecerem as mesmas ao mesmo tempo. A maioria das pessoas está numa posição que poderia ser descrita por algo que o técnico Lou Holtz disse certa vez: "Não estamos onde gostaríamos de estar; não estamos onde deveríamos estar; mas felizmente não estamos onde costumávamos estar."

Quando se trata de desenvolvimento, a mudança apenas não é suficiente. Se você deseja se tornar o melhor, precisa mudar na direção correta, mas pode fazer isso somente se for capaz de avaliar a si mesmo e a seus colegas de equipe. Esta é outra razão para a existência do placar, que fornece um *feedback* contínuo. Competir sem um placar é como jogar boliche sem os pinos. Você pode estar trabalhando bastante, mas não sabe realmente o que está fazendo.

3. O placar é essencial para a tomada de decisão

Depois de ter avaliado sua situação, você está pronto para tomar decisões. No futebol americano, o atacante usa a informação do placar para decidir qual jogada vai chamar. No beisebol, o placar ajuda o técnico a decidir qual é o momento de dar descanso a um lançador. No basquete, ele pode ser usado para determinar o momento de pedir tempo.

Esse foi o caso da Disney. Primeiramente, Eisner olhou para a companhia para entender as circunstâncias gerais. Então, avaliou a eficiência das áreas individuais. Somente então foi capaz de tomar decisões sensatas que pudessem colocar a Disney de volta no jogo.

4. O placar é essencial para o ajuste

Quanto maior o nível em que você e sua equipe estão competindo, menores se tornam os ajustes para alcançar seu desempenho máximo. Mas fazer ajustes específicos é o segredo da vitória e o placar ajuda-o a perceber onde os ajustes precisam ser feitos.

Um membro da minha equipe está utilizando um placar inusitado para ajudá-lo a fazer os ajustes necessários ao alcance do próximo nível. Trata-se de Kevin Small, presidente da INJOY. Kevin é realmente um empreendedor cheio de energia e entusiasmo. Sendo um líder jovem, também tem áreas vulneráveis que precisam ser trabalhadas. Pensando nisso, ele encarregou um treinador pessoal para aconselhá-lo, ajudá-lo a ler o placar de sua vida e acompanhar seu desenvolvimento. Isso está realmente ajudando. As pequenas correções que Kevin está fazendo levam-no a outro patamar, e colocam-no cada vez mais perto da realização de seu extraordinário potencial.

5. O placar é essencial para vencer

No final, ninguém pode vencer sem o placar. Como saber quando o jogo está em risco sem um placar? Como saber se o tempo está acabando se não verificarmos o placar? Como saber se é hora de descansar ou de batalhar se não existe um placar como instrumento de medida? Se o seu objetivo era dar um passeio vagaroso com seus amigos, realmente não precisa se preocupar. Mas se está tentando vencer as 500 Milhas de Indianápolis, você e sua equipe precisam saber como vão as coisas!

Algumas organizações consideram o placar como um mal necessário. Outras tentam ignorá-lo — algo que não podem fazer por muito tempo se desejam continuar bem em sua área. E algumas organizações tornam o placar uma parte tão integrante em sua cultura que são sempre capazes de identificar as oportunidades que levam a um estrondoso sucesso.

Um grande toque no mundo de alta tecnologia

Este certamente é o caso da eBay. Não sou uma pessoa técnica. Não tenho um computador — nem mesmo sei usar um — e, portanto, nunca utilizei a eBay. Ouvi falar disso pela primeira vez através de amigos colecionadores, que conversavam sobre como encontrar o que queriam em leilões na internet. Pareceu-me que eles estavam se divertindo com aquilo, mas, para dizer a verdade, não prestei muita atenção. Então, comecei a ver artigos sobre a eBay nas páginas financeiras e a ler sobre a presidente da empresa e diretora executiva, Meg Whitman.

A eBay é uma empresa de comércio eletrônico que se especializou em reunir compradores e vendedores de produtos online. Foi fundada por Pierre Omidyar na sala de estar de sua casa em San Jose, Califórnia, em 1995, com a ideia de ajudar pessoas a encontrar produtos usados, raros ou de colecionadores. A ideia decolou e tornou-se tão bem-sucedida que Omidyar logo reconheceu que poderia perder o controle do negócio. Foi então que contratou Meg Whitman, que tinha MBA em Harvard e uma enorme experiência de liderança como gerente-geral da Hasbro, presidente e diretor-executivo da FTD e vice-presidente sênior da Walt Disney Company.

Um artigo da revista Time explica o sucesso da eBay da seguinte forma:

> Atuando como atravessadora online entre compradores e vendedores, a eBay está construindo um império extremamente sólido. "Se o site Buy.com falir, você ainda pode ir até uma loja Circuit City", diz Meg Whitman... CEO da eBay. Mas se a eBay afunda, não há outro lugar aonde ir. Pelo fato de o negócio da eBay reunir pessoas — e não vender nada a elas — ela não é afetada pelos custos da estrutura tradicional de uma loja de varejo... "Ebay é o único site de comércio eletrônico que realmente cumpre a promessa da web", diz Faye Landes, um analista de *e-commerce* da Sanford C. Bernstein & Co.[5]

A verdadeira genialidade da eBay é o domínio da Lei do Placar. Ela está sempre fazendo ajustes, pois sabe onde está e isto a mantém à frente dos demais. No caso da eBay, o placar são os desejos e os interesses de seus clientes — e dos clientes em potencial. Percebendo que muitas pessoas ficam apreensivas em conduzir transações monetárias pela internet, a eBay faz da confiança, da segurança e da privacidade os pontos de honra da companhia. Sabendo que as pessoas querem obter retorno específico dos indivíduos que estão fazendo propaganda em seu site, a eBay criou um sistema de avaliação único que permite aos assinantes trocar informações. A companhia criou até mesmo um Grupo de Ideias do Consumidor para descobrir o que as pessoas querem.

Aprendendo com o cliente

Nos últimos três anos, a eBay aprendeu tudo o que podia sobre seus usuários e o que eles queriam, enquanto avaliava o mercado de consumo como um todo. A companhia se expandiu, deixando de ser o lugar onde as pessoas trocavam bonecas Barbie de diferentes modelos para se transformar num serviço de leilão diversificado que, entre outros serviços, oferece:

- Troca local de produtos difíceis de serem despachados.
- Serviço de leilão global que cobre 150 países (incluindo uma forte presença na Europa).
- Troca de produtos e serviços negócio a negócio.
- Um site de leilão de automóveis.
- Serviços imobiliários.

Em 2000, quando percebeu que uma companhia recém-formada, chamada Half.com prosperava com a venda de CDs, livros, filmes, cartuchos usados de videogames a preços fixos, a eBay comprou a empresa e a incorporou em seus títulos.[6]

O resultado é que a eBay recebeu reconhecimento favorável e centenas de prêmios, incluindo o de empreendedor do ano da revista *Business Week*, varejista eletrônico do ano da *E-Retailer* e um lugar na lista das cem empresas mais dinâmicas da América da revista *Forbes*. Em 2000, ela possuía 22,5 milhões de usuários registrados, controlava 80% do mercado de leilões online e detinha um faturamento de 430 milhões de dólares (cerca de 92% a mais que em 1999).

Enquanto outras companhias baseadas na internet estão lutando para sobreviver, procurando maneiras de finalmente ter lucro, a eBay parece equilibrada para continuar a crescer — e a vencer. Por quê? Porque a equipe da eBay sempre tem um olho no placar. A equipe pode fazer ajustes quando sabe onde está. Esta é a Lei do Placar.

Pensamento de equipe

Quando você sabe o que fazer, pode fazer o que sabe.

Tornando-se um membro de equipe melhor

> Quando você sabe o que fazer, pode fazer o que sabe.

Qual é o placar do seu negócio ou área de atuação? Como mede seu progresso? Pela linha de fundo? Pelo número de pessoas que atinge? Pelo nível de excelência ou inovação com que faz seu trabalho? Como acompanha a pontuação?

Reserve um tempo para identificar de que maneira sua equipe controla o placar. Escreva os critérios aqui:

_____
_____
_____

Agora, pense sobre como deveria estar avaliando a si mesmo individualmente. O que deveria observar para estar certo de que está fazendo o melhor? Escreva os critérios aqui:

_____
_____
_____

Tornando-se um líder de equipe melhor

Se você lidera a equipe, uma de suas responsabilidades básicas é verificar o placar e comunicar a situação da equipe a seus membros. Isto não necessariamente significa que deve fazer tudo sozinho. Mas realmente precisa estar certo de que os membros da equipe continuamente avaliam, ajustam e tomam decisões o mais rápido possível. Este é o segredo da vitória.

Você tem um sistema para certificá-lo do que está acontecendo? Ou geralmente confia em sua intuição? Usar a intuição é bom — contanto que você tenha algumas saídas de emergência para evitar desapontar a equipe.

Avalie a coerência e a eficiência de sua consulta ao placar. Se você não faz isso tão bem quanto deveria, crie um método que o auxilie ou que encarregue os líderes de sua equipe de dividir a responsabilidade.

12. A Lei da Reserva

As grandes equipes têm grande amplitude

Você já deve ter ouvido a expressão "nada acaba antes do fim" ou o comentário do famoso jogador de beisebol Yogi Berra que disse: "As coisas só acabam quando terminam". Você ficaria surpreso se soubesse que, às vezes, algo realmente termina antes de acabar — e que você pode saber quando isso acontece se conhecer a Lei da Reserva.

Permita-me mostrar um exemplo. Em um sábado de setembro do ano 2000, fui assistir a um jogo de futebol com alguns amigos: Kevin Small, o presidente da INJOY; Chris Goede, ex-jogador profissional; e Steve Miller, meu admirável genro. Aguardávamos um jogo emocionante entre os Yellow Jackets da Universidade Georgia Tech e os Seminoles, da Universidade Estadual da Flórida. Este último era franco favorito. Existe uma grande rivalidade entre todos os times universitários da Flórida e da Geórgia, o que coloca os times em estado de extrema tensão. E, naquele dia, não nos desapontamos. As equipes estavam batalhando e as pontuações estavam muito aproximadas. A Georgia Tech estava jogando com o coração.

Somente uma questão de tempo

Porém, quando o terceiro quarto terminou, eu disse: "Vamos embora, pessoal. Este aqui já foi." Às vezes, saio dos jogos antes porque detesto ficar preso no trânsito. É claro que, se um jogo está com o placar muito apertado ou existe a possibilidade de acontecer algo de significado histórico (como um batedor errar todas as bolas do beisebol), permaneço até o final. Naquele dia, meus companheiros estavam surpresos com meu desejo de sair, especialmente porque o jogo estava muito concorrido e o Georgia Tech finalmente passou à frente no placar, marcando 15 a 12.

— Você não quer ver o fim do jogo? — perguntou Chris, meio curioso.

— Não, este jogo está acabado — disse eu. — Vamos para o carro.

Enquanto voltávamos, conversamos sobre o assunto. É verdade que o Georgia Tech estava se segurando diante do time da Universidade da Flórida, apresentando uma defesa especialmente forte. Não era uma tarefa fácil, pois os Seminoles tinham um ataque muito poderoso. Mas eu havia percebido durante o jogo que, enquanto alguns titulares do Georgia Tech ainda estavam no jogo, os Seminoles foram substituindo diversos jogadores da reserva, sem que o nível do time fosse afetado negativamente. Em razão disso, eu soube que era apenas uma questão de tempo para que os jogadores do Georgia Tech fossem trucidados pela poderosa reserva da Universidade da Flórida. Não deu outra: o placar final foi 26 a 21, uma grande vitória da Universidade da Flórida. Este é o impacto da Lei da Reserva. As grandes equipes têm grande amplitude.

> Um ótimo titular simplesmente não é suficiente se uma equipe deseja atingir seu desempenho máximo.

O papel da reserva

Não é difícil perceber a importância dos jogadores reservas bem treinados e hábeis, sentados nos reservas de seus times. No caso da liga principal do beisebol, as equipes que vencem os campeonatos o fazem porque possuem mais do que simplesmente um bom lançador ou bons jogadores de campo. Elas possuem uma reserva de muitos jogadores competentes, que podem entrar no jogo a qualquer momento. Na NBA, tanto os jogadores quanto os fãs já sabem de longa data o impacto que o reserva pode causar, quando se referem ao importantíssimo sexto homem, a pessoa que faz uma contribuição significativa ao sucesso do time, muito embora não seja um dos cinco titulares que estão dentro da quadra. Os atuais técnicos profissionais de futebol americano manifestam a necessidade de dois atacantes altamente qualificados, capazes de vencer um jogo para sua equipe. Um ótimo titular simplesmente não é suficiente se uma equipe deseja atingir seu desempenho máximo.

Qualquer equipe que deseja se distinguir deve ter reservas e titulares de qualidade. Isto é verdade para qualquer campo de atuação, não apenas para os esportes. Você pode realizar coisas maravilhosas com um punhado de pessoas excelentes, mas, se quer que sua equipe vá muito mais além, precisa formar sua reserva. Uma grande equipe sem reserva termina desmoronando.

Definindo a reserva

Nos esportes, é fácil definir quais pessoas devem ser os titulares e quais constituirão a reserva. Mas como definir isso em outras áreas? Quero sugerir as seguintes definições:

> O titular deve ser alguém da linha de frente que contribui diretamente para a organização ou que tem influência direta sobre seu destino.

> A reserva constitui-se daqueles que contribuem para a organização de maneira indireta ou que apoiam os titulares.

Os titulares de uma equipe são as pessoas que mais geralmente estão sob os holofotes e, como resultado, levam a maior parte do crédito, enquanto os reservas estão fadados a serem negligenciados ou desprezados. Na verdade, as pessoas com maior probabilidade de desprezar ou desacreditar a contribuição dos reservas podem ser justamente os titulares.

Alguns jogadores principais gostam de lembrar os reservas que eles estão "segurando as pontas". Contudo, qualquer titular que minimiza a contribuição da reserva é egocêntrico, subestima o que é necessário para que o time seja bem-sucedido e não entende que as grandes equipes têm grande amplitude.

Um líder que verdadeiramente compreendia a Lei da Reserva era o técnico John Wooden, da UCLA, também conhecido como o "Mago de Westwood", cujo time venceu dez campeonatos nacionais de basquete universitário. O técnico Wooden valorizava cada pessoa de sua equipe e a contribuição que cada um fazia. Nenhum outro técnico fez um trabalho melhor de manter o time jogando com desempenho máximo durante um período tão longo quanto Wooden. Ele fez a seguinte observação: "Abnegação é uma característica que sempre enfatizei. Creio que todo time de basquete é uma unidade e não separo meus jogadores entre titulares e reservas. Tenho procurado deixar claro que todo homem tem uma função, incluindo o técnico, os assistentes, o treinador e os dirigentes."[1]

> Todo ser humano tem valor e todo jogador de uma equipe contribui para seu time de alguma maneira.

O reserva é indispensável

Todo ser humano tem valor e todo jogador de uma equipe contribui para seu time de alguma maneira. Essas verdades já deveriam ser suficientes para fazer com que os membros da equipe se importassem com os jogadores reservas. Mas existem algumas razões mais específicas para honrar e desenvolver os jogadores que podem não ser considerados titulares. Eis algumas delas:

1. *Os reservas de hoje podem ser as estrelas de amanhã*

Raras são as pessoas que começam suas carreiras como estrelas. Aquelas poucas que conseguem esse feito muitas vezes terminam descobrindo que seu sucesso é semelhante ao de atores infantis. Depois de um sucesso meteórico, elas jamais são capazes de atrair a mesma atenção que tiveram no início.

A maioria das pessoas bem-sucedidas passa por um período de aprendizado ou amadurecimento. Observe alguém como o atacante Joe Montana, elevado ao Hall da Fama do futebol americano no ano 2000. Ele passou dois anos na reserva antes de ser nomeado titular do time do San Francisco 49ers. Enquanto quebrava recordes e levava sua equipe a várias finais de campeonato, quem se sentava na reserva como seu substituto era Steve Young, outro excelente atacante.

Alguns membros de equipe talentosos são logo reconhecidos por seu potencial positivo e terminam sendo preparados para o sucesso. Outros trabalham na obscuridade por anos, aprendendo, crescendo e ganhando experiência. Então, depois de uma década de trabalho duro, eles se tornam um "sucesso da noite para o dia". Diante da tendência que as pessoas têm de mudar logo de emprego — e até mesmo de carreira — hoje em dia, os líderes precisam manter

> O principal ingrediente do estrelato é o resto da equipe.
> — John Wooden

seus olhos abertos para talentos emergentes. Não se apresse em colocar de lado qualquer pessoa de sua equipe, considerando-a como não titular. Diante de um correto encorajamento, treinamento e oportunidades, praticamente todos os que desejam um dia se tornar um jogador eficiente também têm potencial para isso.

2. O sucesso de um jogador de apoio pode multiplicar o sucesso de um titular

Quando todos os membros de uma equipe cumprem a função mais adequada a seu talento, seus dons e suas experiências, e sobressaem nesse papel, a equipe realmente avança. Os feitos do time inteiro fazem com que os titulares se destaquem, e os feitos dos titulares fazem com que o time todo apareça. A equipe, na verdade, é maior do que a soma de suas partes. Colocando do mesmo modo que John Wooden, "o principal ingrediente do estrelato é o resto da equipe".

Provavelmente você já observou equipes lideradas por pessoas que não compreendem essa verdade. Elas têm, por exemplo, pessoas capazes de fazerem vendas de um milhão de dólares passando metade de seu tempo atoladas em serviço burocrático, em vez de se ocuparem fazendo chamadas para clientes em potencial. Se a organização contratasse alguém que apreciasse tarefas administrativas, não apenas os vendedores ficariam mais satisfeitos e produtivos, como os ganhos em vendas compensariam muitas vezes o custo da contratação daquela pessoa de apoio.

Seguimos essa regra na ISS, minha empresa que fornece consultoria a igrejas para o levantamento de fundos. Empregamos consultores cujas habilidades e experiência são verdadeiramente uma em um milhão. Eles trabalham com centenas de igrejas todos os anos e é ali que eles precisam estar para aplicarem todo seu potencial. Contudo, cada trabalho de consultoria exige diversas cartas, manuais de instrução e outros materiais impressos. Para conseguir fazer isso, a ISS emprega uma equipe de talentosas pessoas de apoio que realizam um trabalho fabuloso nessa ocupação. Quando cada pessoa pode trabalhar em sua área de maior habilidade, a equipe inteira vence.

3. Existem mais reservas que titulares

Se você observar a lista de jogadores de qualquer time de sucesso, perceberá que a quantidade de titulares é sempre menor que a dos outros jogadores da equipe. No basquete profissional, existem doze pessoas no time, mas apenas cinco ficam na quadra. Nas ligas principais de beisebol, as equipes iniciam com nove, mas levam quarenta jogadores para o estádio. No futebol americano profissional, 22 pessoas começam jogando, tanto na defesa quanto no ataque, mas cada equipe pode ter um total de 53 jogadores (e times universitários normalmente têm mais de uma centena!).

Você encontra situações similares em todas as áreas. Na indústria do entretenimento, os atores normalmente são conhecidos, mas as centenas de pessoas envolvidas na produção do filme costumam ser desconhecidas. No clero, todos reconhecem as pessoas que ficam à frente da igreja durante o culto, mas são necessárias várias pessoas trabalhando atrás das cortinas para que o culto aconteça. Para cada político, executivo ou estilista renomado que se conheça, existem centenas de pessoas trabalhando silenciosamente nos bastidores para tornar possível o trabalho daquela pessoa. Ninguém pode negligenciar a maioria dos membros da equipe e esperar ser bem-sucedido.

4. Às vezes, um reserva colocado corretamente é mais valioso que um titular

Penso que, se você perguntasse à maioria das pessoas como elas classificariam seus assistentes administrativos enquanto membros da equipe, elas provavelmente lhe diriam que os consideram como reservas, uma vez que sua função principal é de apoio. Eu posso concordar com isso, embora, em alguns casos, o pessoal da administração tem influência direta em uma organização.

Veja, por exemplo, o caso de minha assistente, Linda Eggers. Durante todos esses anos, Linda tem feito praticamente tudo na INJOY. É responsável pela contabilidade, conduziu algumas conferências, já fez marketing e desenvolvimento de produtos. É uma pessoa bastante talentosa. Acho que Linda é capaz de fazer praticamente tudo. Contudo, ela optou por assumir uma função de apoio como minha assistente. E, nessa posição, tem uma influência enorme. Hoje em dia, a empresa tem mais de duzentos funcionários. Respeito e valorizo todos eles. Porém, se amanhã eu perdesse tudo e pudesse ficar apenas com cinco ou seis pessoas para começar tudo do zero, Linda seria uma das pessoas que eu lutaria para manter. Seu valor como pessoa de apoio faz dela uma titular.

> Quando a equipe tem uma ótima reserva, as opções são quase ilimitadas.

5. Uma reserva sólida oferece mais opções ao líder

Quando um time não tem um reserva de reserva, a única opção de seu líder é fazer com que os titulares se revezem para otimizar sua eficiência. Se um titular não pode atuar, então a equipe está em maus lençóis. Quando uma equipe tem uma reserva ineficaz, o líder tem algumas opções, mas elas normalmente não são muito adequadas. Contudo, quando a equipe tem uma ótima reserva, as opções são quase ilimitadas Por isso, alguém como Bobby Bowden, técnico da Universidade da Flórida, pôde derrotar o Georgia Tech. Se algum de seus jogadores se ferisse, ele tinha alguém para substituí-lo. Se seu oponente mudasse os defensores, ele tinha jogadores de ataque na reserva que poderiam vencer aquele desafio. Não importava que tipo de situação o time enfrentava, pois, com uma reserva sólida, ele tinha opções que dariam à equipe uma chance de vencer.

6. Normalmente as pessoas da reserva são chamadas em momentos críticos para a equipe

Quando o Exército tem problemas, o que ele faz? Chama os reservistas. É assim em todas as áreas da vida. Você não precisa de uma reserva quando as coisas vão bem, mas sim quando as coisas dão errado. Quando o titular se machuca e o jogo está ameaçado, quem entra em campo é um substituto, e a eficiência dele normalmente determina o sucesso da equipe.

Se sua equipe está passando por um momento difícil, então você sabe a importância de ter uma boa reserva. Mas se você está experimentando uma época tranquila, agora é o momento de desenvolver seus jogadores substitutos. Construa sua reserva hoje para enfrentar a crise de amanhã.

As ações de hoje formam a equipe de amanhã

Quando pensar nos titulares e nos reservas de sua equipe, reconheça que o futuro de seu time pode ser prognosticado por três detalhes:

1. Recrutamento: quem está ingressando na equipe?

Adlai E. Stevenson deu o seguinte conselho: "Existem apenas três regras na boa administração: escolha homens bons, diga a eles que não economizem e dê-lhes total apoio. Saiba que escolher homens bons é a mais importante de todas." Você não pode montar uma equipe vitoriosa sem bons jogadores.

Na questão do recrutamento, existem somente duas saídas: você encontra o participante certo para a posição, ou encontra a posição certa para um determinado participante. Na primeira situação, você tem uma posição em aberto e está procurando alguém que a preencha. Esta é a maneira típica de como a maior parte do recrutamento funciona. Porém, mesmo nos momentos em que não há uma posição em aberto, pode-se encontrar um participante em potencial tão bom que simplesmente não se pode deixar passar a oportunidade de tê-lo na equipe.

Passei por essa segunda situação no ano passado. Quando descobri que John Hull poderia estar interessado em trabalhar para o Grupo INJOY não havia uma posição específica para ele. Mas ele era um membro de equipe tão significativo que o coloquei a bordo. Em questão de poucos meses, ele se tornou o presidente da EQUIP, a organização sem fins lucrativos que fundei, quando seu presidente original, Ron McManus, quis liderar outro departamento por mim. Se não houvesse pedido que John se unisse a nós naquele momento, a equipe poderia ter perdido um líder admirável.

2. Treinamento: você está desenvolvendo sua equipe?

Não se pode resolver os problemas de amanhã com as soluções de hoje. Se você quer que a equipe seja bem-sucedida ao enfrentar novos desafios, precisa prepará-la para isso. Isto significa ajudar os titulares a otimizar seu potencial e treinar as pessoas da reserva para se tornarem titulares quando chegar a hora.

Se você tem responsabilidades de liderança sobre sua equipe, tome essa iniciativa para assegurar-se de que todos na equipe estão crescendo e melhorando.

3. Perdas: quem está deixando a equipe?

O único lugar que nunca perde pessoas é o cemitério. Perder membros da equipe é inevitável. Mas as boas novas são que você pode escolher os membros que vai perder. Se você mantiver pessoas não produtivas, aquelas que são produtivas se frustrarão e deixarão a equipe. Se você retirar as pessoas que não contribuem, o time inteiro vai se aperfeiçoar. É como a poda de uma árvore. Se você não cortar os galhos mortos, a árvore inteira terminará caindo. Mas se cortar as partes secas, a árvore fica mais sadia, os galhos sadios produzem mais e há mais espaço para novos galhos produtivos naquela árvore. A melhor maneira de descrever como crescer e melhorar a equipe e sua reserva é o que eu chamo de princípio da porta giratória. Funciona assim: uma equipe sempre terá

> Não se pode resolver os problemas de amanhã com as soluções de hoje.

perdas e ganhos. As pessoas estão constantemente entrando numa organização, enquanto outras estão saindo. A chave para o seu sucesso futuro é conseguir uma pessoa mais eficiente para cada perda.

Digamos, por exemplo, que você possa qualificar a eficiência de todas as pessoas numa escala de 1 a 10, sendo 10 o nível mais alto. Se no momento em que a porta giratória começa a se mover a sua equipe estiver perdendo "quatros" mas ganhando "oitos", então o seu futuro é brilhante. Se você estiver perdendo "oitos" e ganhando "quatros", então seu futuro é tenebroso. Se você estiver perdendo "quatros" e ganhando "quatros", estará desgastando sua equipe com atividades, mas não estará fazendo progressos.

Fases de uma organização e sua porta giratória

Qualquer equipe que esteja evitando a estagnação tentando se aprimorar passará por mudanças e, à medida que a porta giratória se move, diferentes tipos de pessoas irão surgir e sair durante as diversas fases. Quando uma organização é nova e está apenas começando, por exemplo, ela acentua o recrutamento, pois não tem ninguém a perder e está feliz em receber qualquer um. A boa notícia é que, enquanto as pessoas estão chegando, uma equipe está sendo formada. A má notícia é que nem todas as pessoas que estão entrando são adequadas.

Quando uma equipe exige compromisso, alguns de seus membros a abandonam. Mas isso é bom. O compromisso afasta o descompromissado, enquanto deixa os que ficam ainda mais fortalecidos no compromisso que já possuem.

Uma vez que a equipe tenha um núcleo comprometido e começa a crescer, ela também passa a ganhar mais pessoas. As pessoas que ingressam na equipe geralmente são atraídas pelo nível de compromisso dos membros atuais. E isso potencializa a capacidade da equipe e leva à realização — o que conduz ao sucesso.

Tipo de Equipe	Ganha ou Perde	Natureza da perda ou do ganho
Equipe Nova	Mais ganhos do que perdas	Os ganhos nem sempre são positivos
Equipe Comprometida	Mais perdas do que ganhos	As perdas são positivas
Equipe em Crescimento	Mais ganhos do que perdas	Os ganhos são positivos
Equipe Bem-sucedida	Mais perdas do que ganhos	As perdas não são positivas
Equipe de Legado	Mais ganhos do que perdas	Os ganhos são positivos

Porém, quando uma equipe torna-se bem-sucedida, alguns membros sairão para tentar encontrar maior sucesso por si mesmos. Este é um momento crítico para uma equipe. Se você puder promover grandes desafios e compartilhar tanto as responsabilidades quanto as recompensas com as pessoas, pode conseguir convencê-las a permanecer. Se não conseguir, provavelmente terá de confiar em seus membros reservas e, então, descobrirá que tipo de reserva você construiu!

Se você consegue sustentar o desenvolvimento em meio ao sucesso e repetir esse processo enquanto constrói sua reserva, então pode criar uma equipe de legado. É isso que organizações como a General Electric, a Disney e a Home Depot fizeram. Seu desenvolvimento sustentado e a reputação de sucesso continuam atraindo pessoas eficientes a essas organizações.

Quem é o seu jogador mais valioso?

A chave para extrair o máximo da Lei da Reserva é aprimorar continuamente a equipe. Conforme trouxer pessoas melhores, primeiramente aprimore seus titulares. Depois, construa seu banco de reservas. Faça isso por um certo tempo e estará construindo uma grande equipe, porque as grandes equipes têm grande amplitude. Esta é a Lei da Reserva.

Construir uma grande equipe é um processo que exige uma quantidade enorme de trabalho e, quanto maior se torna a organização, mais dura se torna a tarefa. Estou bastante ciente disso pelo fato de, nos últimos três anos e meio, o Grupo INJOY ter passado de cinquenta pessoas para mais de 200! Quando você está experimentando esse tipo de crescimento explosivo, seu funcionário de Recursos Humanos pode ser seu funcionário mais valioso.

Deixe-me contar sobre a pessoa mais responsável por manter a porta giratória em funcionamento na direção correta em minha empresa. Seu nome é Stacy Buchanan. Dois anos e meio atrás, sua amiga, que trabalhava como *headhunter*, a encaminhou para o Grupo INJOY. Naquela época, estávamos procurando uma contadora sênior e Stacy tinha experiência em contabilidade, tendo cumprido quase todas as etapas para se tornar uma contadora. Ela havia trabalhado por seis anos numa organização sem fins lucrativos internacionalmente conhecida, e lecionado por vários anos.

> A chave para extrair o máximo da Lei da Reserva é aprimorar continuamente a equipe.

Movimento ousado

Stacy acreditava sinceramente que o Grupo INJOY era o seu lugar e ela realmente queria trabalhar conosco. Desse modo, ela veio nos visitar e passou por uma entrevista. Mas a última coisa que gostaria de fazer era voltar à área de contabilidade. Christine Johnson, uma funcionária de longo tempo da INJOY e que estava trabalhando como gerente de Recursos Humanos naquela época, estava entrevistando Stacy. Christine chegou a dizer que ela era uma "fera" e não queria que ela fosse embora. Assim, ela apresentou Stacy ao COO, Dick Peterson. Enquanto conversavam, ele também percebeu que ela era um grande achado. Já no fim da entrevista, ele perguntou:

— O que quer fazer?

Stacy reuniu toda a coragem do mundo e respondeu:

— Para dizer a verdade, Dick, quero o cargo que Christine ocupa: recrutamento.

Isso soou como música aos ouvidos de Christine. Ela fazia um ótimo trabalho no recrutamento de novos funcionários, mas não estava realmente gostando de trabalhar naquela área — além de não estar utilizando todo seu potencial. Ela e Dick ficaram felizes em criar um novo cargo para Stacy como recrutadora, liberando Christine para que ela se concentrasse na administração e no gerenciamento. Nos trinta meses que se seguiram, Stacy contratou cerca de duzentas pessoas para a empresa — tanto titulares quanto reservas. E continua a fazer um trabalho fantástico.

"Sei que vou parecer com um pregador com os meus seis 'Ps'", diz Stacy, mas isso vai dar-lhe uma ideia de como eu realizo a colocação de pessoal. Eu analiso as seguintes áreas:

- *Personalidade*: utilizo o teste DISC, um instrumento de diagnóstico que indica se a personalidade das pessoas inclina-se à iniciativa, influência, apoio ou cálculo.
- *Paixão*: descubro o que realmente motiva as pessoas: resultados, relacionamentos, dinheiro, reconhecimento, afirmação, influência ou segurança.
- *Padrão*: olho os padrões em sucessos e fracassos. Descubro se trabalham melhor sozinhos ou em equipe.
- *Potencial*: tento ver o que as pessoas poderiam realizar sendo corretamente orientadas quanto à motivação, à orientação e à liderança. Eu particularmente avalio se elas são mantenedoras ou construtoras.
- *Perfil*: avalio se elas se adaptariam à nossa cultura e se são realmente pessoas para a INJOY.
- *Colocação*: finalmente, tento avaliar onde elas se adaptam — qual equipe tanto se beneficiaria com elas quanto poderia contribuir para elas.

Stacy tem feito um trabalho magnífico de formar nossa equipe através do recrutamento. Atualmente, está expandindo sua função para a área de treinamento. Ela desempenhou um papel fundamental ao inaugurar os nove grupos de aconselhamento que funcionam atualmente no Grupo INJOY. Stacy resume seu trabalho com a seguinte frase: "Meu desejo é ver as pessoas tocarem a música que está no interior de suas almas."

Se você deseja que sua equipe se torne o melhor que pode ser, precisa se concentrar nas pessoas que está ganhando, naquelas que está perdendo e naquelas que está desenvolvendo. É a única maneira de construir uma grande equipe. Ela precisa ser sólida em todos os níveis. E nunca perca de vista a Lei da Reserva. Lembre-se: as grandes equipes têm grande amplitude.

Pensamento de equipe

Os melhores jogadores fazem de você um jogador melhor

Tornando-se um membro de equipe melhor

Como você definiria a si mesmo: reserva ou titular? Se você está na reserva, seu trabalho é realizar duas coisas: ajudar os titulares a brilhar e preparar a si mesmo para ser titular no futuro. Você pode fazer isso cultivando uma atitude de préstimo e aprendizado, além de fazer tudo o que puder para aprender a crescer.

Se você é um titular, deve dar o melhor de si para o bem da equipe, além de honrar as pessoas que estão na reserva. Você pode fazer isso reconhecendo o valor de sua contribuição e ajudando a prepará-las para se tornarem titulares um dia. Se você ainda não está aconselhando algum colega da reserva, comece a fazer isso agora mesmo.

Tornando-se um líder de equipe melhor

Se você lidera sua equipe, é responsável por assegurar que a porta giratória se mova de uma maneira tal que as pessoas que se integram à equipe sejam melhores do que as que saem. Um modo de facilitar isso é valorizar as pessoas boas que já estão na equipe.

Toda equipe possui três grupos de participantes. Neste capítulo, descrevi os titulares, aqueles que diretamente contribuem para a organização ou que influenciam o seu curso; o segundo grupo é o dos reservas, os quais indiretamente contribuem para a organização e apoiam os titulares. O terceiro grupo é a essência dos titulares, os quais eu costumo chamar de membros do círculo interno. Sem essas pessoas, a equipe se desfaz. Seu trabalho é assegurar-se de que cada grupo esteja se desenvolvendo continua-mente, de modo que os reservas possam dar um passo adiante e se tornarem titulares, e os titulares possam caminhar e se tornar membros do círculo interno.

Se você não está certo de quem são os membros do círculo interno de sua equipe, tente o seguinte exercício: escreva os nomes dos titulares de sua equipe. Agora, determine as pessoas das quais poderia abdicar sem muito prejuízo. Marque uma a uma as pessoas cuja perda não prejudicaria tanto a equipe, caso elas saíssem. Em algum momento, você ficará com um grupo menor de pessoas sem as quais a equipe se extinguiria. Este é o seu círculo interno (você pode até qualificar as pessoas que ficaram em ordem de importância).

Lembrar-se do valor das pessoas de sua equipe é um bom exercício. E, a propósito, se a maneira com que trata essas pessoas não está de acordo com seu valor, você corre o risco de perdê-las e ver a porta giratória rodando contra você.

13. A LEI DA IDENTIDADE

Valores em comum definem a equipe

TENTO REUNIR TODOS OS MEMBROS DA MINHA ORGANIZAÇÃO PELO MENOS UMA VEZ por ano. No início da história da INJOY isso era bastante fácil. Voltando a 1985, quando fundamos a empresa, eu e o atual COO, Dick Peterson, podíamos nos reunir a qualquer momento com sua sogra, Erma (então, nossa única funcionária) e quatro ou cinco voluntários que nos ajudavam (sendo que duas dessas voluntárias eram nossas esposas). Mesmo dez anos depois, ainda éramos uma equipe de trabalho relativamente pequena. A empresa inteira podia se reunir ao redor de uma grande mesa de reuniões.

Hoje, as coisas são diferentes. Precisamos alugar um salão para acomodar todos os nossos funcionários, mas ainda fazemos esforço para nos reunirmos. Na verdade, para nós é mais importante fazermos isso agora do que em qualquer outra época. Devido ao tamanho e à diversidade de operações, as pessoas de nossa equipe têm a tendência a ficarem isoladas umas das outras. Isto faz com que seja difícil para os líderes da organização manterem uma conexão pessoal com todos.

Definindo a equipe

Talvez você já tenha experimentado esta falta de ligação que geralmente acompanha o crescimento rápido de uma organização. Admito que, com um pouco mais de duzentos funcionários, nossa empresa não é grande, mas tem tamanho suficiente para experimentar as angústias do crescimento. Enquanto a equipe era definida quase totalmente pelos relacionamentos, hoje precisa de algo mais para permanecer unida. Aqui entra a Lei da Identidade: Valores em comum definem a equipe. Ainda que alguns membros da equipe não compartilhem experiências em comum ou não tenham relação pessoal mútua, é possível ter uma coesão tal que desafie o tamanho da equipe. É preciso ter uma perspectiva comum (A Lei da Bússola) e valores comuns. Se todos adotarem os mesmos valores, os membros da equipe podem manter conexão uns com os outros e com a equipe como um todo.

> Assim como valores pessoais influenciam e dirigem o comportamento de um indivíduo, os valores organizacionais influenciam e dirigem o comportamento da equipe.

Todos nós já vimos equipes que têm um objetivo comum, mas carecem de valores comuns. Todos os membros da equipe têm diferentes ideias sobre o que é importante. O resultado é o caos. A equipe acaba se rompendo se todos tentarem fazer as coisas do seu próprio modo. Por isso os membros de uma equipe precisam estar lendo a mesma página. Assim como valores pessoais influenciam e dirigem o comportamento de um indivíduo, os valores organizacionais influenciam e dirigem o comportamento da equipe.

O valor dos valores

Os valores podem ajudar a equipe a se tornar mais unida e eficiente. Valores compartilhados são como...

Cola

Quando surgem os momentos difíceis — e eles existem em qualquer tipo de equipe — os valores mantêm as pessoas unidas. Veja o casamento, por exemplo. Um casal consegue ficar junto facilmente quando sentem a chama do amor e tudo está indo bem. Contudo, a paixão que os atraiu termina desaparecendo. A adversidade chega. O que mantém juntas as pessoas que se casaram? São seus valores. Seus valores são mais importantes que seus sentimentos. Eles valorizam o casamento de tal maneira que estão dispostos a lutar pelo relacionamento. Se duas pessoas não têm esse tipo de postura e estão pensando em se casar, as chances de permanecerem juntas são muito pequenas.

> Os valores ajudam a estabelecer o padrão de desempenho da equipe.

A mesma ideia é verdadeira para qualquer outro tipo de equipe. Se os membros da equipe não sabem quais são seus valores — e não os colocam em prática — suas chances de trabalhar como uma unidade e alcançar seu potencial são bastante reduzidas.

Uma fundação

Todas as equipes precisam de estabilidade para desempenhar bem suas funções e crescerem. Os valores estabelecem uma fundação estável que torna tais coisas possíveis. Isso é verdade para o desenvolvimento de praticamente todo tipo de relação. Se você, por exemplo, está tentando construir uma relação com alguém de outra cultura, você começa procurando coisas em comum. Se está tentando fazer uma venda a um cliente novo, você procura por afinidades. O mesmo é verdadeiro quando se trata da formação de uma equipe. Você precisa de alguma coisa sobre a qual possa construir, e os valores constituem a mais forte fundação.

Uma regra

Os valores também ajudam a estabelecer o padrão de desempenho da equipe. No mundo corporativo, eles normalmente são expressos por uma missão ou um conjunto de orientações sobre como atuar em seu negócio. Porém, há situações em que os valores afirmados pela companhia e os valores reais não combinam.

O escritor e especialista em gerenciamento Ken Blanchard enfatiza o seguinte: "Muitas empresas afirmam possuir um conjunto de valores fundamentais, mas, na verdade, esses valores não passam de uma lista de crenças empresariais genéricas com as quais todos concordam, tais como ter integridade, buscar o lucro e satisfazer os clientes. Tais valores têm significado apenas quando estão definidos em termos de como as pessoas realmente se comportam e qual é a ordem de suas prioridades." Os valores funcionam como uma medida das expectativas e do desempenho quando são verdadeiramente adotados.

Uma bússola

Você lembra a série Dallas apresentada na televisão na década de 1980? O personagem principal era J. R. Ewing, um homem de negócios notoriamente desonesto. Seu código de conduta poderia ser resumido por algo que ele disse em um dos episódios: "Depois de deixar a ética de lado, o resto é muito fácil." Para uma pessoa sem valores, tudo está bem.

Estamos vivendo uma época em que as pessoas estão à procura de padrões para seguir. Ao adotarem valores fortes, as pessoas passam a ter uma bússola moral que as ajuda a tomar decisões. O mesmo é verdadeiro para as pessoas em uma organização. Quando a equipe identifica e adota um conjunto de valores, não importam os meses, anos ou décadas, ou se as circunstâncias mudam ou se novos desafios se apresentam: as pessoas da equipe ainda saberão que estão caminhando na direção correta e tomando boas decisões.

Um ímã

Os valores da equipe atraem pessoas que possuem valores similares. Pense em algumas equipes que já examinamos nos capítulos anteriores. Que tipo de pessoa é atraído para a Habitat for Humanity? Pessoas que querem a extinção de moradias inadequadas. Que tipo de pessoa é atraída para a Enron? Aquelas que valorizam a inovação e a flexibilidade organizacional.

No livro *As 21 Irrefutáveis Leis da Liderança*, a Lei do Magnetismo afirma: "Quem você é define quem você atrai." Esta lei tanto é verdadeira para as equipes quanto para os líderes. As pessoas atraem outras que pensam de maneira similar.

Uma identidade

Os valores definem a equipe e conferem-lhe uma identidade única aos membros, aos membros em potencial, aos clientes e ao público. Aquilo em que acredita identifica quem você é.

Os valores do grupo INJOY

Quando reuni todos os funcionários do Grupo INJOY para uma reunião anual neste ano, desejava reforçar nossos valores. Creio que os membros da nossa equipe veem esses valores sendo expressos diariamente, mas queria propor a todos os funcionários uma linguagem comum aos valores para garantir que estamos nivelados com eles. Para tanto, apresentei uma lição sobre esses valores.

A transmissão dos valores da equipe é a ocasião para apresentar a Lei da Identidade. A equipe não pode compartilhar valores se os valores não foram compartilhados com a equipe. Permita-me familiarizá-lo com os seis valores principais que compartilho com o Grupo INJOY para que tenha uma ideia do que desejo transmitir.

1. *Desenvolvimento pessoal de cada membro da equipe*

Acredito muito no potencial. Trabalho diariamente para desenvolver o meu próprio potencial e encorajo todos em minha esfera de influência a fazer o mesmo. Como as pessoas trabalham para desenvolver seu potencial? Elas começam tornando o desenvolvimento pessoal uma prioridade.

O desenvolvimento pessoal tem sido o tema principal de minha vida. Quando era menino, meu pai costumava comprar, para mim e meus irmãos, livros que ajudariam a nos aprimorar. Ele também nos enviava a conferências. Conforme ficava mais velho, ler livros, escutar fitas de instrução e comparecer a conferências tornaram-se práticas regulares em minha vida. Mais tarde, enquanto buscava a chave para o desenvolvimento organizacional, encontrei outra razão para promover o desenvolvimento pessoal, pois descobri que o segredo do desenvolvimento de qualquer organização é o desenvolvimento das pessoas que fazem parte dessa organização.

Para promover o desenvolvimento pessoal em minha organização, encorajamos as pessoas a se tornarem membros de um grupo de aconselhamento. Também enviamos funcionários a nossas próprias conferências e a outros tipos de treinamento. Fornecemos livros, fitas e outras ferramentas de desenvolvimento pessoal. Eu pessoalmente invisto tempo todos os meses aconselhando e desenvolvendo os principais líderes da organização. Quando alguém de nós ou outro funcionário descobre que a pessoa poderia se desenvolver bem mais se estivesse num cargo diferente ou em outra divisão da empresa, encorajamos essa pessoa a explorar as novas possibilidades e a fazer a mudança. Não há como se colocar no caminho do desenvolvimento dos funcionários e ainda esperar que a organização cresça.

> A equipe não pode compartilhar valores se os valores não foram compartilhados com a equipe.

2. A prioridade de contribuir para os demais

O Grupo INJOY existe para contribuir. Esta é a nossa missão principal. Primeiramente, fazemos isso com as pessoas em nossa própria organização. Mas também agimos do mesmo modo com nossos clientes e consumidores. Esta é a razão pela qual desenvolvemos e fornecemos consultoria, treinamento e recursos para organizações e indivíduos por todo país e ao redor do mundo. No dia em que não pudermos mais contribuir, fecharemos nossas portas.

3. O poder da parceria

Uma de minhas citações favoritas é a de Madre Teresa, que observou: "Você pode fazer o que eu não posso. Eu posso fazer o que você não pode. Juntos, podemos fazer grandes coisas." Esta é uma maneira sucinta de descrever a parceria.

Precisei de quase quarenta anos para descobrir que não posso fazer tudo (é bem possível que você tenha aprendido isso antes de mim. Minha energia intensa, meu QI baixo e meu otimismo ilimitado extraíram o melhor de mim por vários anos!). Foi então que percebi o poder da parceria. Com o passar dos anos, nossa organização aprendeu cada vez mais sobre como trabalhar em conjunto. Agora, a parceria é como escolhemos realizar nossa missão. Dave Sutherland, diretor-executivo do Grupo INJOY, gosta de lembrar a todos que "a parceria começa no momento em que um líder percebe que nós contribuímos para ele e termina quando sua previsão se realiza".

Nos anos mais recentes, expandimos nossas parcerias para incluir alianças estratégicas com outras organizações. Essas parcerias permitiram que o Grupo INJOY treinasse milhares de líderes em aproximadamente doze países e distribuísse dezenas de milhares de livros todos os anos para atingir pessoas em países em desenvolvimento. No Grupo INJOY utilizamos sete frases que descrevem o que a parceria significa para nós. Como seu parceiro, nós prometemos:

> Você pode fazer o que eu não posso. Eu posso fazer o que você não pode. Juntos, podemos fazer grandes coisas.
> — Madre Teresa

- Colocar suas necessidades em primeiro lugar e em qualquer situação.
- Contribuir para sua liderança pessoal.
- Reconhecer que buscamos um objetivo comum.
- Realizar um serviço sob medida para satisfazer suas necessidades.
- Nunca trair a confiança depositada em nós.
- Buscar a excelência em tudo que fazemos.
- Respeitar as particularidades de cada um.

Poderemos ser bons parceiros, como indivíduos ou como organização, se lembrarmos de cada um desses elementos.

4. A prática de promover e desenvolver líderes

Tudo começa e termina com liderança. Por isso tenho dedicado os últimos vinte anos de minha vida ao ensino de liderança. Também por isso passo tanto tempo procurando e desenvolvendo líderes. A única e melhor maneira de se causar impacto numa organização é priorizar o desenvolvimento da liderança. Praticamente não existe limite para o potencial de uma organização que recruta pessoas adequadas, promove bons líderes e os desenvolve continuamente.

5. Uma administração apropriada da empresa

Qualquer organização que deseja continuar cumprindo sua missão deve ser uma boa administradora de recursos. Existem três maneiras principais de fazer isso em nossa empresa: gerenciar nossos bens para extrair o máximo deles, fazer uma colocação estratégica de nosso pessoal, de modo que eles possam doar e receber o quanto possível, e dedicarmo-nos a causas dignas. Se pudermos fazer essas três coisas, estaremos otimizando o uso de todos os recursos de que dispomos.

6. O propósito de louvar a Deus

O Grupo INJOY é uma organização formada basicamente por cristãos e nossas raízes estão firmadas na ajuda às igrejas e aos pastores, visando a que eles alcancem seu potencial. Devido à nossa herança e a nossas fortes convicções, cremos que tudo o que fazemos deve honrar a Deus.

> A única e melhor maneira de se causar impacto numa organização é priorizar o desenvolvimento da liderança.

Certamente os valores de sua organização serão diferentes dos nossos. E assim deve ser. Seus valores devem refletir as pessoas da equipe e seus líderes. O importante é que você experimente o processo de descoberta e adote os valores da equipe. Tendo feito isso, você compreenderá melhor sua equipe, sua missão e seu potencial. Nunca esqueça que Valores em comum definem a equipe. Esta é a Lei da Identidade.

Os valores contribuem para sua equipe

Se você nunca pensou realmente sobre como os valores das equipes podem revelar suas identidades e aumentar seu potencial, implemente as ações a seguir com sua equipe.

- *Articule os valores*. Pense durante um tempo ou reúna um grupo de membros-chave de sua equipe para articular os valores dela. Então, coloque tudo no papel.

- *Compare os valores com as práticas.* Analise as ações da equipe. Você precisa estar certo de que os valores que identificou são compatíveis com aqueles que estão sendo vivenciados. O nivelamento entre os valores declarados e o comportamento dos membros da equipe impulsionam a energia e a eficiência da equipe. Porém, se eles estiverem desnivelados, a equipe sofrerá.
- Ensine os valores. Após ter definido os valores corretos, é preciso ensiná-los a todas as pessoas da equipe. Faça isso de maneira clara, criativa e contínua.
- Pratique os valores. Os valores não terão valor se você não os colocar em prática. Se você descobrir membros da equipe cujas ações não batem com os valores do time, ajude-os a fazer as mudanças necessárias para se nivelar com o restante da equipe.
- Institucionalize os valores. Combine os valores com o próprio "tecido" da equipe. Meu amigo Bill Hybels, por exemplo, pastor principal da Willow Creek Community Church, identifica a "comunhão" com um dos valores principais de sua igreja. Para reforçar esse valor, o primeiro terço de uma reunião de liderança — seja da diretoria, dos anciãos ou de membros — é dedicado à construção e à manutenção das relações pessoais entre os membros daquele grupo.
- Elogie os valores publicamente. A mais importante verdade sobre gerenciamento que já aprendi é que o que recebe recompensa é realizado. Se você elogiar e honrar as pessoas que melhor representam os valores da equipe, esses valores serão adotados e levados adiante pelos outros membros da equipe. Não existe melhor maneira de se fazer um reforço.

Se você é o líder de sua equipe, é especialmente importante que faça sua equipe passar por esse processo. Deixados por si mesmos, sem ajuda para adotar os valores que você sabe que são fundamentais, os membros da equipe criarão uma identidade escolhida por eles mesmos. Seja para o bem ou para o mal, os valores das pessoas mais influentes da equipe se tornarão os

> A mais importante verdade sobre gerenciamento que já aprendi é que o que recebe recompensa é realizado.

valores da equipe como um todo. Contudo, implementando cada um dos passos que descrevi e repetindo-os continuamente, com o passar do tempo você descobrirá que a cultura de sua organização começará a modificar e as pessoas adotarão uma nova identidade que você ajudou a encontrar. Uma vez desenvolvida uma identidade em comum para a equipe, seus membros trabalharão melhor em conjunto, mesmo quando a organização crescer e se transformar.

Nada como nossa casa

Quando me mudei para Atlanta, conheci uma organização que desenvolveu uma identidade única e promove um forte senso de trabalho em equipe, embora seja uma empresa imensa. Esta organização é o Home Depot.

Bem, eu não sou alguém do tipo "faça você mesmo". Qual é o oposto de habilidoso? "Ter duas mãos esquerdas"? Atrapalhado? Seja o que for, é o que me descreve. Tenho um filho, chamado Joel Porter. Nunca encontramos uma ferramenta de que ele não gostasse e, se uma coisa precisa ser consertada, ele encontra um modo de fazê-lo. Quando Joel tinha treze anos de idade, deixei que ele montasse uma oficina numa sala ao lado de nossa garagem. Ele colocou uma bancada, instalou acessórios para fixação e fez a fiação elétrica. Um amigo nosso que já havia trabalhado como empreiteiro disse que Joel havia montado um sistema elétrico naquela sala que seria capaz de iluminar a casa inteira!

Depois de nossa chegada a Atlanta, Joel conseguiu emprego na Home Depot e não poderia estar mais feliz. Todos os dias, ao chegar em casa, ele nos contava sobre a empresa, o que havia feito naquele dia e os valores que a companhia mais prezava.

Intrigado, fiz uma pesquisa por minha própria conta. Descobri que a companhia foi fundada por Bernie Marcus e Arthur Blank. Eles abriram sua primeira loja em Atlanta em junho de 1979, catorze meses depois de haverem sido despedidos da Handy Dan, uma cadeia de lojas de produtos para casa, localizada no oeste dos Estados Unidos. Marcus, um homem com uma grande experiência no varejo e talento para liderança, imaginava uma cadeia nacional de grandes lojas onde as pessoas poderiam comprar tudo para o lar. Sua ideia era oferecer a mais ampla seleção de produtos ao menor preço possível, com um primoroso atendimento ao cliente.

Construindo a Home Depot

Para tirar a companhia do papel, os dois homens tiveram de trabalhar duro, expandindo lentamente o negócio, abrindo mais lojas e atraindo pessoas de primeira categoria. Marcus disse: "Somos tão bons quanto nossos funcionários — especialmente os homens e mulheres que trabalham em nossas lojas todos dias... Por isso acreditamos que uma maneira segura de fazer esta companhia crescer é apresentar claramente nossos valores e transmiti-los a nossos funcionários e parceiros."[1]

Os líderes certos, com os valores certos, atraíram as pessoas certas para fazer da companhia um sucesso. Em 1979, eles tinham quatro lojas. Em 1999, esse número havia saltado para 775 lojas, empregando 160 mil pessoas com vendas anuais na casa dos US$ 38,4 bilhões.[2]

Os valores são realmente o coração do sucesso alcançado pela Home Depot. Marcus explica:

> Um conjunto de oito valores tem sido nossa pedra fundamental nos últimos vinte anos. Apesar de eles não estarem inscritos em lugar algum até 1995, esses valores — as bases que definem a maneira pela qual dirigimos a empresa permitiram que expandíssemos os negócios pela América do Norte e serão o veículo para alcançarmos nossos ambiciosos objetivos de atingirmos o mercado internacional...
>
> - *Excelente serviço ao consumidor.* Fazer o que for preciso para desenvolver a lealdade do cliente.
> - *Atenção ao nosso pessoal.* A mais importante razão do sucesso da Home Depot.
> - *Desenvolvimento de um espírito empresarial.* Pensamos em nossa estrutura organizacional como uma pirâmide invertida: as lojas e os consumidores estão no topo e a alta gerência está na base.

- *Respeito por todas as pessoas.* Talento e pessoas boas estão em todo lugar e não podemos desprezar qualquer fonte de pessoas boas.
- *Construção de um forte relacionamento com associados, clientes, fornecedores e comunidade.*
- *Fazer o que é certo e não apenas fazer certo.*
- *Fazer da retribuição às nossas comunidades uma parte integral do nosso negócio.*
- *Retorno aos acionistas.* As pessoas que investem na Home Depot receberão benefícios pelo dinheiro que estão nos dando para que possamos crescer em nosso negócio.

Esses valores têm feito da companhia um lugar muito bom para as pessoas trabalharem. Desde o primeiro dia de suas operações, por exemplo, a Home Depot já ofereceu aos funcionários opções de ações, em vez de bônus. Esse tipo de tratamento fez com que mais de mil de seus funcionários se tornassem milionários!

Joel Porter não é mais funcionário da Home Depot. Agora ele trabalha para o Grupo INJOY numa área técnica, como gerente de produções em nosso estúdio. Mas ele sempre terá apreciação pela Home Depot. Por quê? Porque a empresa tem uma identidade que ele respeita. Ela compartilhou seus valores, e valores em comum definem a equipe. Este é o impacto que aquela organização teve sobre ele e é o impacto que a Lei da Identidade pode ter sobre você e sua equipe.

Pensamento de equipe

Se os seus valores são os mesmos da equipe, você se torna mais valioso para a equipe.

Tornando-se um membro de equipe melhor

Se você quer contribuir com sua equipe e ajudá-la a alcançar seu potencial, então você precisa compartilhar seus valores. Primeiramente, assegure-se de que você sabe quais são eles. Depois, examine seus valores e objetivos em comparação aos da equipe. Se você puder aceitar de todo o coração os valores de equipe, faça todo o esforço necessário para se alinhar a eles. Se não puder, então seu desalinhamento será uma constante fonte de frustração para você e para sua equipe. Nesse caso, você deve considerar seriamente a opção pela busca por outra equipe.

Tornando-se um líder de equipe melhor

Como líder de uma organização, você tem responsabilidades com relação aos valores da equipe. Recomendo que você prossiga de acordo com os seguintes passos:

- Saiba quais são os valores que a equipe deve adotar.
- Viva os valores.
- Comunique esses valores à equipe.
- Assegure-se de que a equipe comprou esses valores, verificando se o comportamento dos membros da equipe é homogêneo.

Lembre-se: o processo leva tempo. Fazer com que as pessoas comprem a ideia pode ser especialmente difícil. Porém, quanto melhor líder você for, mais rapidamente eles comprarão sua ideia. E quanto mais cedo eles comprarem a ideia, mais rapidamente aceitarão os valores que você comunicar (para explorar este conceito de liderança em maior profundidade, leia a Lei da Aquisição no livro *As 21 Irrefutáveis Leis da Liderança*).

14. A Lei da Comunicação

A interação leva à ação

QUANDO GORDON BETHUNE ASSUMIU A PRESIDÊNCIA DA CONTINENTAL AIRLINES, em 1994, a companhia era uma verdadeira bagunça. Ela sofria em função de dez mudanças na liderança num espaço de dez anos. Já havia chegado à beira da falência em duas situações. O valor de suas ações havia baixado para a insignificância de US$ 3,25 por ação. Fazia uma década que ela não gerava lucro. Os clientes estavam debandando da companhia e aqueles que ainda usavam a Continental não tinham muitas razões para se alegrar com ela, pois, nas palavras de Bethune, os voos "chegavam e partiam a esmo", sem qualquer previsão de horário. Não é isso que viajantes a negócios ou em férias estão esperando de uma companhia aérea!

Tempo de provação para a equipe

Em seu livro *From Worst to First*, Bethune descreveu o estado da Continental quando ele chegou:

> No período anterior a 1994, a Continental era simplesmente a pior entre as dez maiores empresas aéreas americanas... por exemplo:

o DOT [Departamento de Transportes dos Estados Unidos] avalia essas dez maiores empresas em termos de pontualidade... A Continental era a última colocada. Ele analisa o número de formulários de reclamação de bagagens perdidas preenchidos por mil passageiros. A Continental era a pior. Também avalia o número de reclamações que recebe por cem mil passageiros de cada linha aérea. A Continental estava em último lugar. E não termina aqui — em 1994, a Continental obteve quase três vezes mais reclamações do que a média da indústria e 30% a mais de reclamações do que as outras nove companhias, tornando-se a campeã em serviços ruins. Estávamos realmente empacados no último lugar desta categoria... não éramos apenas a pior das grandes empresas aéreas: não tínhamos mais mercado.[1]

Quando uma empresa está numa situação tão ruim quanto essa, não há como não afetar os funcionários. O moral na Continental estava em profundezas abissais. A cooperação não existia. A comunicação era sempre pobre. Os funcionários ouviam tantos desmentidos que não acreditavam em mais nada do que lhes era dito. De acordo com Bethune, os funcionários haviam encontrado uma estratégia de sobrevivência: fugir. "Esta é a empresa na qual vim trabalhar em 1994", comentou Bethune, "uma empresa com um produto ruim, funcionários irados, baixos salários, um histórico de gerenciamento ineficaz e, como logo descobri, uma falência iminente que estava prestes a nos matar".[2]

Tentando mexer com a equipe

O objetivo de Bethune era salvar a Continental, mas ele sabia que, para fazer isso, precisaria mudar a cultura da empresa. A chave seria a comunicação. Ele sabia que a interação positiva poderia mexer com a empresa. Se pudesse vencer a batalha da comunicação, ele acreditava que poderia fazer com que os funcionários trabalhassem juntos novamente pelo bem da equipe, dos clientes e dos acionistas.

Seu primeiro passo foi abrir os escritórios dos executivos para o resto da equipe. Quando começou a trabalhar para a Continental, o conjunto de escritórios do 20º andar, ocupado pela gerência em Houston, era semelhante a uma fortaleza. Suas portas estavam trancadas, a área era vigiada por centenas de câmeras de segurança e ninguém podia entrar ali sem uma identificação. Não era um ambiente exatamente convidativo. Bethune abriu literalmente as portas e criou uma política que permitia o livre trânsito dos funcionários, visando com isso a derrubar os fatores de intimidação entre os líderes e o resto da empresa.

A próxima coisa que ele fez foi trabalhar para quebrar a velha burocracia que havia se desenvolvido com o passar dos anos. As regras e os manuais haviam tomado o lugar da comunicação e do julgamento na Continental. O principal sintoma dessa postura era o enorme livro de regras para os funcionários, apelidado de o livro do "Não Farás". Ele era tão detalhado que chegava ao ponto de dizer qual era a cor da caneta que um agente deveria usar para preencher um cartão de embarque. Num gesto significativo, o diretor-executivo Bethune, com o presidente da Continental, Greg Brenneman, reuniu os funcionários no estacionamento, jogou o manual numa lata de lixo, encheu de gasolina e o queimou! A mensagem foi clara: tudo iria mudar na Continental.

Cultura de comunicação

A Continental não mudou da noite para o dia. Na verdade, quando Bethune e Brenneman lançaram o "Plano de Avanço", os funcionários estavam céticos. Mas os líderes continuaram a se encontrar com as pessoas, dedicando-se a serem honestos com elas e mantendo sua paciência. Se as notícias eram boas, eles contavam às pessoas. Se as notícias eram ruins, eles também contavam. Colocaram quadros de avisos em áreas por onde passavam os funcionários nos quais sempre havia duas coisas: (1) a classificação do ano anterior de acordo com as regras do Departamento de Transporte e (2) notícias diárias sobre a empresa. Criaram também um correio de voz que era enviado semanalmente a toda a equipe. Também fizeram diversos comunicados por escrito, usando uma espécie de jornal dos funcionários chamado *Continental Times and Continental Quarterly*, que enviavam para a casa de todos os funcionários. Colocaram quadros de aviso eletrônicos em todas as máquinas de café e refrigerantes.

Criaram até mesmo números telefônicos do tipo 0800 para perguntas e informações que poderiam ser acessadas por qualquer funcionário em qualquer lugar do mundo.

> A política de comunicação de Bethune era — e é — bastante simples: "somente não compartilharemos aquilo que for perigoso ou ilegal."

Uma companhia que havia sido caracterizada pela desconfiança e pela falta de cooperação tornara-se um lugar onde a comunicação era penetrante. A política de comunicação de Bethune era — e é — bastante simples: "somente não compartilharemos aquilo que for perigoso ou ilegal."[4]

Levou tempo, mas, finalmente, a empresa começou a mudar. Os funcionários começaram a confiar em seus líderes. Eles começaram a trabalhar juntos e a confiar uns nos outros. E, pela primeira vez em mais de uma década, os funcionários da Continental trabalharam como uma equipe.

Hoje, o serviço da Continental está entre os melhores de seu campo de atuação. O moral dos funcionários está alto. A companhia é lucrativa. Em 1994, ano em que Bethune assumiu, a empresa perdeu 204 milhões de dólares. Em 1995, obteve um lucro de 202 milhões de dólares. No ano seguinte, o lucro dobrou. Em abril de 2001, a Continental havia acumulado 44 trimestres consecutivos de lucro numa indústria em que a maioria de seus competidores está lutando para permanecer no azul.

> Equipes eficientes têm membros que estão constantemente falando uns com os outros.

As ações da companhia foram divididas duas vezes e cada ação vale mais de dez vezes o valor que tinha em 1994.

O que existe em uma palavra?

A comunicação não foi a única razão para o sucesso da Continental. Contudo, sem uma boa comunicação, a empresa provavelmente teria continuado no piloto automático rumo à sua terceira (e derradeira) falência. Fazer uma mudança positiva em uma organização exige comunicação. A interação leva à ação. Este é o poder da Lei da Comunicação.

Uma equipe só será bem-sucedida se tiver uma boa comunicação, independente de esta equipe ser uma família, uma empresa, um ministério ou um clube de futebol. Equipes eficientes têm membros que estão constantemente falando uns com os outros. A comunicação aumenta o compromisso e a conexão. Por sua vez, isso alimenta a ação. Se você quer que sua equipe tenha um bom desempenho no nível mais elevado, as pessoas que fazem parte dela precisam ser capazes de falar e ouvir umas às outras.

A comunicação é importante

Quando as pessoas não se comunicam de maneira eficiente, o resultado com frequência pode ser cômico. Anos atrás, deparei-me com a seguinte ilustração que explica o que acabei de dizer. Foi extraída de uma série de memorandos trocados no *campus* de uma faculdade.

> *Do presidente para o vice-presidente acadêmico*: na próxima quinta-feira, o Cometa de Halley poderá ser visto nesta área. Este é um evento que ocorre somente a cada 75 anos. Chame os chefes de divisão e peça que eles reúnam os professores e os alunos no campo de atletismo, explicando-lhes este fenômeno. Se chover, cancele a observação e peça à classe que se reúna no ginásio para ver um filme sobre o cometa.

> *Do vice-presidente acadêmico para o chefe de divisão*: de acordo com uma ordem do presidente, na próxima quinta-feira o cometa de Halley aparecerá no campo de atletismo. Se chover, cancele as aulas e apresente-se no ginásio com os alunos e professores, onde vocês verão filmes, um fenômeno que acontece somente a cada 75 anos.

> *Do chefe de divisão para os professores*: por ordem de nosso fenomenal presidente, na próxima quinta-feira o cometa de Halley aparecerá em nosso ginásio. No caso de chover sobre o campo de atletismo, o presidente dará outra ordem, algo que acontece somente a cada 75 anos.

Do professor aos alunos: na próxima quinta-feira, o presidente vai aparecer em nosso ginásio com o cometa de Halley, algo que ocorre somente a cada 75 anos. Se chover, o presidente cancelará o cometa e pedirá que todos nós nos reunamos em nosso fenomenal campo de atletismo.

Trabalho feito em casa pelos alunos e mostrado aos pais: quando chover, na próxima quinta-feira, sobre o campo de atletismo de nossa escola, o fenomenal presidente de 75 anos vai cancelar todas as aulas e aparecerá diante de toda escola, no ginásio, acompanhado por Bill Halley e seus Cometas.

Scott Adams, criador da tira cômica do Dilbert, descreveu com maestria uma organização onde todos dão o melhor de si para arruinar a comunicação. O chefe manda o funcionário trabalhar por um ano em um projeto que já foi cancelado e, depois, repreende a pessoa por estar levando tanto tempo. Os membros do departamento de marketing pensam continuamente em produtos malucos e vendem a ideia ao público; depois, pedem ao departamento de engenharia que desenvolva o produto num tempo impossível de ser cumprido. Quanto mais altas na hierarquia as pessoas estão, mais estúpidas elas são. Os pensadores são punidos, os preguiçosos são recompensados e toda decisão é arbitrária. A tira é hilária. O triste da história é que muitos trabalhadores americanos se identificam com ela.

Se você já esteve numa equipe onde os membros nunca contam uns aos outros o que está acontecendo, então você sabe o quão frustrante a comunicação pobre pode ser. As equipes ficam empacadas porque ninguém sabe qual é a verdadeira agenda. Tarefas importantes não são completadas porque cada um dos dois membros da equipe acredita que o outro está cuidando dela — ou existem pessoas fazendo trabalho duplicado. Departamentos dentro de uma organização lutam porque cada um acredita que está sendo sabotado pelo outro.

No livro *Empowered Teams*, os autores Richard Wellins, William Byham e Jeanne Wilson afirmam que "a comunicação se relaciona ao estilo e à extensão das interações, tanto entre os próprios membros da equipe quanto com os que não fazem parte da equipe. Ela também se refere à maneira pela qual os membros lidam com o conflito, com o processo decisório e com as interações do dia a dia".

Uma imagem diferente da comunicação

Um excelente exemplo da complexidade e da importância da boa comunicação pode ser visto ao assistir a um time de futebol americano profissional naquele meio minuto que antecede uma jogada. Quando uma jogada termina, o time que está atacando tem apenas quarenta segundos para se preparar para o próximo lance. Nesse tempo, o atacante decide se há tempo suficiente para o time se reunir e planejar a jogada. Se existir, ele reúne os membros da equipe e lhes canta a jogada. Se não há tempo, ele comunica que vai chamar a jogada usando um código quando a bola já estiver em jogo.

Em muitas das jogadas do nível profissional, as equipes se alinham com os jogadores numa determinada formação e, então, se movem antes da jogada para tentar confundir a defesa. Se o tempo é curto, o atacante comunica aos outros jogadores que eles devem pular os passos extras e simplesmente se alinhar na formação que será usada naquela jogada.

No momento em que os onze jogadores de ataque se aproximam da linha, cada um está fazendo duas coisas: avaliando o que a defesa está fazendo e prestando atenção nos colegas para ver se alguém dá alguma dica da jogada a ser feita. Os dianteiros (os *linemen*) prestam atenção no tipo de jogadores que o outro time tem e de que maneira eles estão posicionados. O dianteiro central (o *center*), aquele que vai passar a bola para o armador (o *quarterback*), normalmente é o responsável por chamar o esquema de bloqueio a ser usado por seus colegas da defesa.

Enquanto isso, o armador está avaliando a defesa. Se ele achar que a jogada que chamou durante a reunião dos jogadores não dará certo contra o esquema de defesa montado pelo adversário, ele provavelmente usará algumas palavras para chamar uma jogada alternativa no meio do jogo. Se a defesa estiver alinhada de uma maneira tal que a jogada original possa funcionar, mas o esquema de bloqueio dos zagueiros atrás dele tem possibilidade de falhar, então ele pode mudar a forma de fazer o bloqueio.

Ao mesmo tempo, o armador, os zagueiros e os atacantes estão atentos à defesa para ver se eles vão fazer alguma coisa diferente, tal como enviar jogadores extras atrás do armador para agarrá-lo num ataque repentino. Se os jogadores de ataque virem que há um grupo de jogadores se reunindo para fazer um bloqueio tal, então, quase sem qualquer palavra, os atacantes e os zagueiros mudam de função de acordo com um Plano B predeterminado para aquela jogada e esperam que todos os outros membros da equipe façam a mesma avaliação.

O futebol americano é um esporte extremamente complexo. O observador casual não tem ideia da comunicação que acontece antes de cada jogada. Às vezes, ela é sutil. Os jogadores chamam as jogadas em códigos. Usam sinais de mão. Um jogador pode simplesmente apontar com o dedo e comunicar uma enorme quantidade de informações ao outro colega. Há momentos em que o armador e o dianteiro central simplesmente trocam olhares e passam informação suficiente para que seja possível fazerem pontos.

> Se tivesse de escolher um único instrumento de liderança que cumprisse múltiplos propósitos, ele seria a comunicação.
> — John W. Gardner

Comunicação na sua equipe

A comunicação dentro da sua equipe pode não ser nem um pouco parecida com aquilo que acontece no campo de futebol. Mas o sucesso de sua equipe e a capacidade de seus colegas de trabalharem juntos são, do mesmo modo, muito dependentes da boa comunicação. Permita-me dar-lhe algumas orientações que ajudarão seu time a melhorar nesta área. Cada equipe precisa aprender como desenvolver boas comunicações em quatro áreas:

1. *Do líder para os colegas de equipe*

John W. Gardner fez a seguinte observação: "Se tivesse de escolher um único instrumento de liderança que cumprisse múltiplos propósitos, ele seria a comunicação." Talvez você esteja familiarizado com meus livros sobre liderança. Se este for o caso, então você sabe que eu acredito que tudo começa e termina na liderança. O que não mencionei antes é que a liderança começa e termina na comunicação. Você precisa ser capaz de se comunicar para liderar os outros com eficiência.

Se você lidera sua equipe, estabeleça para si mesmo estes padrões de comunicação com sua equipe:

- *Seja consistente.* Nada frustra mais os membros de equipe do que líderes que não se decidem. Uma das coisas que permitiram que Gordon Bethune ganhasse a confiança da equipe foi sua consistência na comunicação. Seus funcionários sempre sabiam que podiam confiar nele e naquilo que ele havia dito.
- *Seja claro.* Sua equipe não pode fazer nada se os membros não souberem o que você quer. Não tente fascinar ninguém com sua inteligência; impressione as pessoas com sua honestidade.
- *Seja atencioso.* Todo o mundo merece respeito, independente da posição e do tipo de relacionamento que você já tenha tido com aquela pessoa. Sendo cortês com seus liderados, você está definindo o tom para toda a organização.

Nunca se esqueça de que, pelo fato de você ser o líder, sua comunicação é que determina como será a interação entre todas as pessoas de sua equipe. As equipes sempre refletem os seus líderes. Lembre-se de que a boa comunicação nunca é de mão única. Ela não deve ser de cima para baixo nem ditatorial. Os melhores líderes ouvem, convidam e encorajam à participação.

2. Dos colegas de equipe para o líder

Bons líderes de equipe não gostam de vaquinhas de presépio. Eles desejam uma comunicação direta e honesta da parte de seus liderados. Até mesmo uma pessoa tão autocrata quanto o magnata do cinema Sam Goldwyn fez uma brincadeira sobre esse assunto: "Quero que meus colegas falem e sejam honestos, mesmo que isso lhes custe seus empregos."

Sempre encorajei as pessoas de minha equipe a falarem comigo abertamente e de maneira direta. Quando temos reuniões, elas normalmente são sessões de tempestade cerebral (os chamados *brainstorms*), nas quais a melhor ideia vence. Com frequência, os comentários de um membro da equipe ou as observações que ele faz realmente ajudam o time todo. Às vezes, nós discordamos. Não há problema, porque desenvolvemos um relacionamento suficientemente forte para podermos sobreviver ao conflito. Ter todas as cartas na mesa sempre melhora a equipe. Não quero jamais ouvir um colega de equipe dizer: "Eu podia ter dito a você que isto não iria funcionar." Se você já sabe alguma coisa de antemão, então este é o momento certo para dizer.

Além de serem diretos, uma outra qualidade que aprecio nos membros de equipe é a comunicação respeitosa com seus líderes. Liderar uma equipe não é fácil. Exige um trabalho bastante duro. Pede sacrifícios pessoais. Requer a tomada de decisões difíceis e muitas vezes impopulares. Devemos respeitar a pessoa que concorda em desempenhar esse papel e mostrar-lhe lealdade.

3. Entre os membros da equipe

O escritor Charlie Brower comentou: "Poucas pessoas são bem-sucedidas sem que uma porção de outras queiram que ela seja." Numa equipe que deseja experimentar o sucesso, todos os seus membros devem se comunicar para o bem comum. Isso significa mostrar as seguintes qualidades:

- *Dar apoio*. O ex-jogador da NBA, Earvin "Magic" Johnson, resumiu a ideia de apoio parafraseando o presidente John F. Kennedy: "Não pergunte o que seus colegas de equipe podem fazer por você. Pergunte o que você pode fazer por seus colegas." A comunicação que é centrada no dar em vez de no receber leva o time a um novo patamar.

- *Prender-se ao presente*. Colegas de equipe que ficam repetindo velhos problemas e continuamente abrem velhas feridas não trabalham juntos. E, se eles não trabalham juntos, os dois afundam. Como Babe Ruth comentou: "Você pode ter o maior grupo de estrelas do mundo, mas, se elas não jogam juntas, a equipe não vale um centavo."

- *Ser vulnerável.* As equipes são como uma pequena comunidade que se desenvolve somente quando as pessoas que fazem parte dela não se colocam como superiores às outras. Em seu livro *The Different Drum*, o psiquiatra M. Scott Peck faz a seguinte observação: "Se é para usarmos a palavra comunidade em todo seu sentido, devemos restringi-la a um grupo de pessoas que têm aprendido como se comunicar honestamente umas com as outras, cujos relacionamentos são mais profundos do que as máscaras de serenidade que usam."

As equipes são bem-sucedidas ou fracassam baseadas na forma como os membros da equipe se comunicam uns com os outros. Martin Luther King Jr. declarou: "Precisamos aprender a viver juntos como irmãos ou pereceremos juntos como tolos." Se a interação é forte, então as ações que a equipe tomar podem ser fortes também. A interação leva à ação. Esta é a essência da Lei da Comunicação.

> Não pergunte o que seus colegas de equipe podem fazer por você. Pergunte o que você pode fazer por seus colegas.
> — Earvin "Magic" Johnson

4. Entre a equipe e o público

Para a maioria das equipes, a comunicação dentro da equipe não é a única coisa importante. A maioria das equipes interage de alguma maneira com pessoas de fora, quer essas pessoas sejam clientes, consumidores ou o público em geral. Quando forem abordados por pessoas de fora do grupo, os membros da equipe devem se lembrar dos três Rs: eles precisam ser receptivos, responsivos e realistas. Se receberem a comunicação dos outros de maneira graciosa, sempre responderem de um modo agradável e forem realistas quanto a dar e receber expectativas, estarão fazendo tudo corretamente. As pessoas de fora perceberão que suas preocupações estão sendo bem recebidas.

Por outro lado, quando se trata da comunicação com pessoas que não fazem parte da equipe, a mais importante qualidade que uma equipe pode mostrar é a união. Quanto mais independentes forem os membros da equipe, mais dificuldades terão. Não é fácil colocar águias para voarem em formação; contudo, o poder da união é incrível. Uma velha história que ouvi quando morava no centro-oeste falava de uma competição com cavalos que era feita numa feira no interior. Era um evento no qual vários cavalos competiam para ver qual era capaz de puxar uma carroça com maior peso. Num certo ano, o cavalo campeão puxou pouco mais de 2.000 quilos. O segundo colocado puxou 1.995 quilos. Imaginando o quanto aqueles fortes animais poderiam puxar juntos, um grupo de homens atrelou os dois cavalos. Os dois foram capazes de puxar mais de 5.400 quilos, o que corresponde a um aumento de mais de 33% em relação aos esforços individuais.

> Trabalhar junto significa vencer junto.

Existe um enorme poder na união. Um dos princípios que sempre digo aos meus liderados é que, quando estamos colocando nossas ideias e planejando, quero que todas as ideias e críticas estejam sobre a mesma mesa. Precisamos de uma oportunidade para discutir e brigar se for preciso. Porém, quando sairmos da sala, devemos estar unidos — mesmo se tivermos sofrido oposição ou crítica. Permanecemos uma equipe forte.

É importante que você saiba que a palavra "cooperação" se soletra assim: "n-ó-s". Trabalhar junto significa vencer junto. Mas nenhuma equipe trabalha junta a não ser que esteja se comunicando. É preciso que haja interação para chegarmos à ação. É assim que tudo funciona. Esta é a Lei da Comunicação.

Pendurem-se juntos ou serão pendurados separadamente

Uma das mais notáveis histórias sobre comunicação e trabalho em equipe que já ouvi aconteceu entre os prisioneiros de guerra americanos que foram capturados no Vietnã. À medida que o envolvimento americano na guerra do Vietnã aumentou, também subiu o número de soldados americanos que foram capturados. No total, 772 membros das Forças Armadas, principalmente pilotos, foram aprisionados.

A maioria dos prisioneiros foi mandada para a prisão de Hoa Lo, que os homens chamavam de Hanói Hilton. Ali, eles sofreram torturas inenarráveis e viveram em condições sub-humanas. A maioria deles pereceu ali. Era comum ver homens com mais de 1,80 m pesando apenas cinquenta quilos. Porém, a pior parte para a maioria dos homens era a solidão forçada. O ex-prisioneiro de guerra Ron Bliss explica: "Você fica isolado. É aí que começam os problemas. Você precisa se comunicar virtualmente a qualquer custo. Mesmo sabendo que poderíamos ser torturados por alguns momentos, ainda assim tentávamos nos comunicar."

Os opressores do Vietnã do norte que cuidavam do Hanói Hilton tentavam derrotar os prisioneiros de guerra atacando-os fisicamente, esmagando seus espíritos e mantendo-os isolados. Se um homem se visse como uma pessoa abandonada, então estaria apto a desistir de ter esperanças. Jerry Driscoll, um prisioneiro de guerra que, no início, pensou que poderia ser libertado depois de alguns meses, recebeu a notícia de outro colega de prisão que a espera poderia chegar a dois anos. "Foi então que percebi, meu Deus, que aquilo duraria bastante tempo... foi como se tudo caísse diante de mim. Peguei o lençol e o enrolei... E gritei com toda a angústia que aquela longa espera me trazia. Dois anos. Quando parei, pensei comigo mesmo: tudo bem, eu consigo. Eu posso ficar aqui por dois anos. Naturalmente, quando chegou o tempo, foram dois anos, e mais dois anos e ainda mais outros dois anos, até que, no meu caso, passei um total de sete anos ali."

Batidas para os prisioneiros

A comunicação e a conexão com os outros prisioneiros tornaram-se necessárias para que os homens pudessem sobreviver a tudo aquilo. Para que aquela comunicação fosse possível, os prisioneiros desenvolveram um sistema engenhoso. Quando quatro prisioneiros de guerra ficaram juntos — Carlyle Harris, Phillip Butler, Robert Peel e Robert Shumaker — eles desenvolveram um sistema de batidas nas paredes para soletrar palavras. Quando estavam separados, eles usavam esse código para se comunicar e o ensinaram a todos os outros prisioneiros que encontraram. Em questão de meses, praticamente todos eles sabiam o código e o estavam usando. "O prédio inteiro soava como um ninho de pica-paus", lembra o ex-prisioneiro de guerra Ron Bliss.

Os homens batiam nas paredes entre as celas ou passavam uma corda por dentro da parede dando pequenos puxões de acordo com o código, mandando mensagens uns aos outros. Eles também desenvolveram sinais com a mão e outras formas de comunicação. O ex-prisioneiro de guerra Thomas McNish observou: "Acho que passamos o equivalente ao livro *Guerra e Paz* várias vezes através dos diferentes métodos de comunicação."[5]

Muito embora os prisioneiros fossem mantidos separados uns dos outros — e muitos dos homens que "conversavam" o tempo inteiro nunca viram as faces dos outros até que foram libertados — eles se tornaram uma equipe. Trabalharam juntos. Compartilharam informação. Apoiaram uns aos outros. Tornaram-se uma unidade tão sólida que firmaram o propósito de que nenhum deles aceitaria a libertação se ela não fosse para todos. A única pessoa que saiu antes, o marinheiro Douglas Hegdahl, aceitou a liberdade somente porque lhe foi dada uma ordem direta do tenente comandante Al Stafford para que aceitasse. Ele recebeu aquela ordem por uma única razão: Hegdahl havia decorado o nome de 256 de seus colegas de prisão, que queriam que seus nomes fossem divulgados às autoridades em sua terra natal.

Finalmente, em janeiro de 1973, um cessar-fogo foi assinado em Paris, permitindo a liberdade dos prisioneiros de guerra americanos.

Eles começaram a voltar para casa em 12 de fevereiro e, em 29 de março, os últimos prisioneiros deixaram o Hanói Hilton. Ao todo, 462 prisioneiros foram libertados. Esse número poderia ter sido bem menor se eles não tivessem encontrado — ou não tivessem lutado por — uma maneira de se comunicar uns com os outros. Mas a interação leva à ação. Sua conexão uns com os outros alimentou sua capacidade de suportar e de se manterem unidos como uma equipe. Este é o valor da Lei da Comunicação.

Pensamento de equipe

A comunicação aumenta a conexão.

Tornando-se um membro de equipe melhor

Até que ponto você está comprometido em se comunicar com os outros membros de sua equipe? Você apoia todos, mesmo aqueles que não são seus amigos? Você está aberto e vulnerável, mesmo que isto não seja agradável? Você guarda rancor de algum membro de sua equipe? Se guarda, então precisa amenizar as coisas. Se existe qualquer barreira à boa comunicação se colocando entre você e os outros membros de sua equipe, você precisa removê-la. Isto é sua responsabilidade.

Tornando-se um líder de equipe melhor

Como líder de sua organização, você estabelece o tom das comunicações. Neste capítulo mencionei que a comunicação de um líder deve ser consistente, clara e cortês. Mas os líderes também podem ser bons ouvintes. Quando os líderes não ouvem...

- Eles param de ganhar sabedoria.
- Deixam de "ouvir" o que não está sendo dito.
- Os membros da equipe param de se comunicar.
- Sua indiferença se espalha por outras áreas.

Por fim, ser um mau ouvinte leva à hostilidade, gera problemas de comunicação e provoca a ruptura da coesão da equipe.

Faça uma revisão de 360 graus. Peça informações de seu conselheiro, de seu chefe, de seus colegas e de seus subordinados sobre suas habilidades em ouvir o que eles dizem. Se você não obtiver boas notícias de todos eles, então aquiete-se, ouça e trabalhe para se tornar um melhor comunicador.

15. A Lei da Vantagem

A diferença entre duas equipes igualmente talentosas é a liderança

As equipes estão sempre à busca de uma vantagem. Tenho certeza de que você já viu isso acontecer. Uma equipe esportiva sempre recruta novos talentos ou desenvolve novos jogadores para enfrentar um oponente difícil. Pode ser também que ela simplesmente tenha desenvolvido um sistema completamente novo para reverter uma maré de derrotas. As companhias investem para ter a mais recente tecnologia, esperando melhorar sua produtividade. As empresas trocam de agências de propaganda para lançar uma campanha, desejando obter mais espaço diante dos principais competidores. As grandes corporações alternam a última moda no gerenciamento como se fossem pessoas diante do aparelho de TV com um controle remoto na mão. Todo o mundo está em busca da fórmula mágica que leve ao sucesso. Quanto mais competitivo for o campo, mais incansável é a busca.

Qual é a chave para o sucesso? Talento? Trabalho duro? Tecnologia? Eficiência? Uma equipe precisa de todas essas coisas para ser bem-sucedida, mas ela ainda necessita de algo mais. Ela precisa de liderança.

- O *Pessoal* determina o potencial da equipe.
- A *Visão* determina a direção da equipe.
- A *Ética* determina a preparação da equipe.
- A *Liderança* determina o sucesso da equipe.

Tudo começa e termina na liderança. Se uma equipe tem grande liderança, então ela pode obter qualquer coisa a mais que necessite para ir a um nível mais alto.

Encontrando a vantagem

Olhe para qualquer equipe que tenha alcançado grande sucesso e você descobrirá que ela tem uma forte liderança. O que capacitou a General Electric a obter o respeito do mundo corporativo? Foi a vantagem que tinha na liderança de Jack Welch. O que selou a vitória dos Estados Unidos na Guerra do Golfo? A vantagem que tinham na liderança dos generais Norman Schwarzkopf e Colin Powell. O que fez com que o Chicago Bulls vencesse seis temporadas da NBA? A vantagem da liderança de Phil Jackson e de Michael Jordan. É por isso que eu digo que a diferença entre duas equipes igualmente talentosas é a liderança. Esta é a Lei da Vantagem.

> Olhe para qualquer equipe que tenha alcançado grande sucesso e você descobrirá que ela tem uma forte liderança.

Para ter uma ideia mais clara da diferença que a liderança pode fazer, pense nos mesmos jogadores, dentro da mesma equipe, com uma liderança diferente. A equipe do Los Angeles Lakers é um exemplo notável. Durante o final da década de 1990, eles tiveram dificuldades, apesar de possuírem um grupo de jogadores talentosos, entre eles Kobe Bryant, que muitos achavam que seria o próximo Michael Jordan, e Shaquille O'Neal, o melhor pivô do basquete. Os dois jogadores foram contratados em 1996, mas, ainda assim, o grupo continuou a ter problemas sérios e nunca chegou a despontar como equipe. Em 1999, Eddie Jones, membro da equipe, comentou: "Há alguma coisa errada com esse time. Estamos todos lutando para permanecer juntos e, com uma equipe que tem tantos talentos, isto simplesmente não deveria estar acontecendo."[1]

No ano seguinte, Phil Jackson, o homem que havia levado o Chicago Bulls a ganhar seis campeonatos, foi contratado para ser técnico do Lakers. Ele manteve o mesmo time quase intacto, fazendo poucas mudanças, porque reconhecia que o talento não era a questão principal. Sobre seus três jogadores principais, O'Neal, Bryant e Glen Rice, Jackson fez o seguinte comentário:

> Creio que temos aqueles que talvez sejam os três mais talentosos jogadores de basquete desde Kareem, Worthy e Magic. Contudo, Baylor, West e Chamberlain [da equipe dos Lakers entre 1968 e 1971] brilharam até mais do que esses jogadores. Eles foram três dos jogadores que mais pontuaram na história do basquete e, ainda assim, não foram capazes de vencer um campeonato. Sim, nós temos o talento, damos um show, mostramos tudo o mais — mas como podemos fazer com que todas essas peças complementem umas às outras? Esta é verdadeiramente a minha especialidade como técnico: tentar fazer isso acontecer. E esta equipe está aprendendo a fazer isso.[2]

A liderança tem tudo a ver com entender os jogadores, reuni-los e fazê-los trabalhar juntos como uma equipe para alcançar seu potencial. E Jackson fez exatamente isso. Em apenas uma temporada, o time ficou unido. Em 2000, os Lakers venceram o campeonato da NBA que todos já acreditavam que eles tinham potencial para ganhar. Eles fizeram isso na mesma cidade, trabalhando sob as mesmas condições e com os mesmos jogadores que já estavam na equipe nos anos anteriores. A única coisa que havia mudado era a liderança. Isso lhes deu uma vantagem. A diferença entre duas equipes igualmente talentosas é a liderança. Esta é a Lei da Vantagem.

Precisa de uma levantada?

Com uma boa liderança, tudo melhora. Os líderes são levantadores. Eles levam o pensamento de seus colegas de equipe para além das velhas fronteiras da criatividade. Eles elevam o desempenho dos outros, fazendo-os melhores do que já foram antes. Eles melhoram a confiança em si mesmos e uns nos outros. Levantam as expectativas de todos na equipe. Enquanto gerentes são geralmente capazes de manter uma equipe em seu nível atual, os líderes conseguem levá-la a um novo patamar, o qual nunca foi alcançado antes. A chave para isso é trabalhar com pessoas e extrair o melhor delas.

- *Os líderes delegam autoridade para quem executa o trabalho.* Para que o time seja bem-sucedido, a responsabilidade deve penetrar nas camadas mais profundas da organização, chegando até as raízes. Para que isso aconteça é preciso ter um líder que delegue responsabilidade e autoridade para a equipe. Stephen Covey fez o seguinte comentário: "As pessoas e as organizações não crescem muito sem a delegação e uma força de trabalho completa, porque, sem isso, a equipe fica confinada às capacidades do chefe e reflete tanto as fraquezas quanto os pontos fortes daquela pessoa." Bons líderes raramente restringem suas equipes; normalmente eles as liberam.
- *Os líderes criam um ambiente pelo qual cada membro da equipe seja responsável.* Pessoas diferentes requerem diferentes tipos de motivação para fazerem o seu melhor. Um precisa de encorajamento. O outro precisa ser punido. Outros ainda se levantam diante de um grande desafio. Bons líderes sabem como ler as pessoas e descobrir o que fará com que elas assumam responsabilidade por sua parte na equipe. Eles também lembram que são responsáveis diante de seus liderados, e não responsáveis por eles.
- *Os líderes, aprendem rapidamente e encorajam os outros a fazê-lo também.* Os líderes caminham para um novo patamar em primeiro lugar; depois, eles erguem aqueles que estão em volta dele. Em primeiro lugar, vem o exemplo, depois a liderança. Se todos estão melhorando, então a equipe inteira vai melhorar.

Se você deseja dar uma levantada em sua equipe, dê a ela uma melhor liderança. A Lei da Vantagem funciona sempre.

As leis da liderança impactam a equipe

A liderança pode melhorar uma equipe e dar-lhe uma vantagem de muitas maneiras, e as 21 leis do meu livro de liderança fornecem um resumo bastante útil. Os bons líderes...

1. Não limitam uma organização (A Lei do Limite).
2. Têm maior influência (A Lei da Influência).
3. Valorizam o processo de desenvolvimento de pessoas (A Lei do Processo).
4. Preparam equipe para jornada (A Lei da Navegação).
5. Comunicam de maneira mais eficiente (A Lei da Adição).
6. Criam impulso e levam a equipe a um nível mais alto (A Lei do Grande Impulso).
7. Baseiam-se numa sólida fundação de confiança (A Lei da Base Sólida).
8. Impõem maior respeito (A Lei do Respeito).
9. Lidam com as questões de liderança antecipadamente (A Lei da Intuição).
10. Atraem mais líderes a si mesmos (A Lei do Magnetismo).
11. Ligam-se às pessoas (A Lei da Conexão).
12. Reúnem ao redor de si pessoas mais fortes (A Lei do Círculo Íntimo).
13. Reproduzem mais líderes (A Lei da Imagem).
14. Delegam a seus liderados (A Lei do Fortalecimento).
15. Com suas equipes, vencem mais vezes (A Lei da Vitória).
16. Conseguem que as pessoas aceitem a eles e a sua visão (A Lei da Aquisição).
17. Estabelecem prioridades de maneira eficiente (A Lei das Prioridades).
18. Compreendem e usam as oportunidades de maneira mais eficiente (A Lei do Momento).
19. Abdicam de suas agendas pessoais (A Lei do Sacrifício).
20. Promovem o crescimento dos líderes e das organizações mais rapidamente (A Lei do Crescimento Explosivo).
21. Deixam um legado duradouro (A Lei do Legado).

Os bons líderes fazem coisas apenas um pouco melhor que os outros. O resultado normalmente é a vitória. Esta é a Lei da Vantagem.

O feitiço virando contra o feiticeiro

A liderança é o ponto principal da Lei da Vantagem, mas não quero que você fique com a ideia de que a responsabilidade pela liderança sempre cai sobre uma única pessoa. Apesar de a maioria das equipes ter um líder designado como sendo o responsável final pela supervisão da equipe, a verdadeira liderança da equipe normalmente é compartilhada.

Acho que, quando a questão é a liderança, muitas pessoas tendem a vê-la de duas maneiras possíveis. A primeira eu chamo de o mito da cabeceira da mesa. É a noção de que, numa equipe em particular, uma pessoa é sempre encarregada das boas atuações. É a ideia de que esse indivíduo em particular ocupa permanentemente a "cabeceira da mesa" de uma organização e todas as demais pessoas da organização se submetem a ela. Veja a seguir, por exemplo, uma ilustração que deve ter sido escrita por alguém que concorda com o mito da cabeceira da mesa.

> Como todos sabem, um executivo praticamente não tem nada a fazer, exceto...
> Decidir o que precisa ser feito. Dizer a todos para fazê-lo.
> Ouvir as razões por que aquilo não deveria ser feito, por que deveria ser feito por outra pessoa ou por que deveria ser feito de uma maneira diferente.
> Acompanhar para ver se as coisas estão sendo feitas apenas para descobrir que não estão.
> Perguntar por quê.
> Ouvir as desculpas de uma pessoa que deveria ter feito. Acompanhar novamente para ver se aquilo está sendo feito somente para descobrir que está sendo feito da maneira errada. Mostrar como deveria ter sido feito.
> Concluir que, contanto que seja feito, aquilo poderá permanecer onde está.

Ponderar se não é hora de se livrar de uma pessoa que não pode fazer a coisa certa.

Refletir que aquela pessoa provavelmente tem um cônjuge, uma família grande, e que certamente qualquer sucessor seria tão ruim quanto ela — ou talvez até pior.

Considerar quão mais simples e melhor aquilo teria sido feito se alguém tivesse feito sozinho na primeira vez.

Refletir tristemente que alguém poderia ter feito aquilo corretamente em vinte minutos enquanto que, no final de tudo, alguém levou dois dias para descobrir por que a tarefa foi executada em três semanas por alguém que a fez de maneira errada.

A ideia de que apenas uma pessoa está sempre fazendo tudo o que se refere à liderança é falsa. A mesma pessoa não deveria liderar a equipe sempre, em todas as situações. O desafio do momento geralmente determina o tipo de líder para aquele desafio porque cada pessoa da equipe tem forças que podem ajudar numa situação em especial. Deixe-me ilustrar essa questão. Muito embora eu lidere o Grupo INJOY como seu fundador, nem sempre sou eu quem lidera a equipe. Outras pessoas da equipe possuem dons, habilidades e capacidades que eu não possuo. Quando mudamos a sede de nossos escritórios — e, com ela, os funcionários, seus equipamentos, nossos suprimentos e computadores, nossa informação e sistemas de comunicação — o trabalho exigiu incríveis habilidades de locomoção e planejamento.

> Todo o mundo é importante, mas as pessoas não são iguais.

A pessoa mais indicada para liderar a equipe naquela situação era Frank Hartman, um pensador logístico, planejador excepcional e administrador detalhista. Frank criou todo o plano para a mudança. Ele tinha a autoridade e a responsabilidade de gerenciar o processo — além de liderar todas as pessoas, incluindo o diretor-executivo e outros diretores da organização. E ele fez um trabalho maravilhoso. Não perdemos um único dia de produtividade no escritório durante a mudança. Nenhuma outra pessoa em nossa equipe poderia ter levado isso a cabo de maneira tão eficiente. Passei a bola a Frank e ele nos conduziu com sucesso — e cumpriu a Lei da Vantagem.

O outro conceito errado sobre a liderança vai ao extremo oposto. Eu o chamo de o mito da mesa redonda. É a crença de que todos na equipe são iguais, todas as opiniões devem ser consideradas da mesma maneira e que uma equipe pode funcionar sem qualquer tipo de liderança. Isso também não é verdade. A equipe que tenta trabalhar como uma democracia nunca consegue fazer as coisas.

Todo o mundo é importante, mas as pessoas não são iguais. A pessoa com maior experiência, habilidade e produtividade numa determinada área é mais importante para a equipe naquela área específica. A opinião do diretor-executivo da GE, Jack Welch, tem mais peso do que a da pessoa que empacota os produtos na linha de montagem. Michael Jordan vale mais do que o jogador de defesa que fica sentado na reserva. Assim são as coisas. Isto não quer dizer que Jack e Michael têm mais valor como seres humanos. Aos olhos de Deus, todos são amados de maneira igual. Mas quando se trata da liderança de equipe, alguém precisa dar um passo à frente.

Dando uma vantagem inicial à equipe

Em essência, a liderança é como estar numa corrida e dar uma vantagem inicial à equipe. Os líderes veem mais longe do que seus colegas de equipe. Eles veem coisas mais rapidamente do que seus liderados. Eles sabem o que vai acontecer e antecipam o fato. Como resultado, eles fazem com que a equipe se mova na direção correta à frente de seu tempo e, por essa razão, a equipe está em posição de vencer. Mesmo um corredor mediano pode vencer uma corrida dos cem metros rasos contra um campeão mundial se tiver uma vantagem de cinquenta metros.

Quanto maior o desafio, maior a necessidade das muitas vantagens que os líderes dão. E quanto mais o líder se desenvolve, maior é a vantagem de sua liderança. Se você quer vencer e continuar vencendo por um longo tempo, treine os membros de sua equipe para se tornarem melhores líderes.

A vantagem obtida a partir da boa liderança é bastante evidente nos esportes, mas o poder da liderança se apresenta em todas as áreas. O negócio que é conduzido por um líder de primeira qualidade normalmente encontra seu nicho de mercado antes e, assim, supera seus rivais, mesmo que os concorrentes possuam maior talento. Organizações sem fins lucrativos dirigidas por líderes fortes recrutam mais jogadores, dão condições a eles para liderar e, como resultado, servem a um maior número de pessoas. Mesmo numa área técnica como engenharia ou construção, a liderança é inestimável para garantir que a equipe seja bem-sucedida.

Oportunidade de ouro

A Lei da Vantagem esteve presente em um dos mais extraordinários feitos da engenharia mundial: a ponte Golden Gate. Concluída em 1937, essa ponte possuía o maior vão livre em pontes suspensas do mundo até a construção da ponte Verrazano Narrows em Nova York, em 1964. Se você já foi a São Francisco, então viu quão bela e imponente é a ponte Golden Gate. Mas a história de sua construção é ainda mais impressionante.

A ideia de uma ponte cobrindo o Golden Gate — a abertura da baía de São Francisco — foi proposta ainda em 1872, apesar de ninguém achar que aquilo fosse realmente possível. A ideia não foi levantada novamente até 1916. A razão pela qual as pessoas queriam uma ponte era simples: o crescimento e a expansão de São Francisco estavam sendo impedidos por sua localização, uma vez que ela era cercada de água em três lados. Havia muita terra na direção norte, mas chegar lá era difícil. Muito embora o condado de Marin ficasse a cerca de apenas 1,5 quilômetro em linha reta, era necessário passar por um caminho de mais de 150 quilômetros ao redor da grande área da baía de São Francisco. A única alternativa era tomar uma balsa que cruzava a baía, mas, nos horários de pico, os motoristas enfrentavam uma fila de várias horas para entrar na balsa.

Construir uma ponte sobre o estreito de Golden Gate parecia algo que nunca aconteceria. Os desafios físicos e tecnológicos do projeto eram enormes. A entrada da baía recebia fortes correntes oceânicas e ventos impiedosos. A profundidade do canal, que chegava a mais de 100 m em alguns pontos, dificultaria bastante a construção. Além de tudo isso, qualquer ponte que fosse construída precisaria ser alta o suficiente para permitir que navios grandes passassem por baixo dela. Os engenheiros de todo o país estimavam que a obra custaria em torno de 250 milhões de dólares. Naquela época, a somatória do valor de todas as propriedades de São Francisco chegava a apenas 375 milhões de dólares!

Que apareça o líder

Então, surgiu a figura de Joseph B. Strauss. Ele era dono de uma empresa de engenharia que havia construído mais de quatrocentas pontes. Porém, mais importante que toda a sua experiência, era sua impressionante visão e sua poderosa liderança. Ele acreditava que poderia construir uma ponte cobrindo o Colden Gate por US$ 25 milhões. Em 1921, Strauss reuniu projetos preliminares para uma ponte e começou a arrecadar apoio para o projeto entre os líderes dos condados próximos a São Francisco. Ele promoveu a ponte de maneira incansável. No começo, sua influência foi extraoficial. Contudo, com o passar do tempo e a formação do consórcio da Ponte e Rodovia Golden Gate, ele foi nomeado engenheiro-chefe do projeto proposto.

Se não fosse por causa de um líder como Strauss, a ponte nunca teria sido construída. Por doze anos, ele lutou contra todos os obstáculos imagináveis de oponentes ao projeto. Quando a máquina política de São Francisco (incluindo o engenheiro-chefe da cidade, Michael O'Shaughnessy) se opuseram a ele, Strauss se encontrou com os líderes e cidadãos de todos os condados para conseguir o apoio das bases de eleitores. Quando o Corpo de Engenheiros do Exército e o Departamento de Guerra (que controlavam as terras de ambos os lados do estreito) ameaçaram retirar a aprovação, Strauss foi a Washington e persuadiu o Secretário de Guerra para garantir a cooperação do governo. Quando o consórcio da Ponte e Rodovia Golden Gate passou por um sério problema de fluxo de caixa, Strauss se encontrou com Amadeo P. Giannini, fundador do Bank of America. Em apenas algumas horas ele foi capaz de persuadir Giannini a comprar títulos que manteriam o projeto em execução — além de garantir que o banqueiro compraria mais na próxima vez em que lhe fossem oferecidos. Strauss superou grupos poderosos, ambientalistas, problemas trabalhistas e os efeitos da Grande Depressão que atingiu o país exatamente no meio do processo. Sua energia e sua influência eram impressionantes.

Um líder que não se colocou em seu próprio caminho

Uma das maiores forças de Strauss era sua habilidade de atrair bons líderes e engenheiros. Para fazer com que o projeto fosse bem-sucedido, ele reuniu os melhores projetistas de pontes do mundo. Quando percebeu que seu projeto original para a ponte era inadequado e poderia colocar em risco todo o projeto, ele o abandonou e confiou em seus líderes para criarem alguma coisa melhor. "Strauss tinha uma habilidade incomum de localizar e atrair para si homens talentosos, homens que aceitavam sua liderança", comentou o escritor John Van der Zee.

Strauss era um líder de líderes e era capaz de lidar com qualquer dificuldade que se apresentasse a ele. Ele era um líder natural que sabia como influenciar outras pessoas. Van der Zee fez a seguinte observação: "Além de tudo, Strauss era muito bom em vender e promover ideias que ele estava concedendo. Parecia que ele sabia instintivamente a quem procurar, que pessoas conseguir e persuadir, quem eram os responsáveis pelas decisões e as pessoas que eram importantes para qualquer situação."[4]

Finalmente começando

Em 1933, finalmente começou a construção da ponte. Mais uma vez Strauss contratou os melhores engenheiros que podia encontrar para supervisionar a construção. Não era uma tarefa fácil. A equipe que construiu a ponte empregou 25 milhões de horas de trabalho.[5] Contudo, a construção da ponte em si pareceu muito mais fácil quando comparada àquilo que foi necessário antes de o processo começar. Quando a ponte estava completa, Strauss comentou que foram necessárias duas décadas para convencer as pessoas de que a ponte era exequível, mas apenas quatro anos para verdadeiramente construí-la! E ele completou a tarefa dentro do prazo. Strauss morreu aos 68 anos, um ano depois de a ponte ter sido concluída.

Olhe para os bastidores de qualquer grande empreitada e você sempre encontrará um líder forte. Se Joseph Strauss não tivesse assumido responsabilidade pessoal pela criação da ponte Golden Gate — e se dedicado de corpo e alma a ela — ela não teria sido construída. Esta é a realidade da Lei da Vantagem. É preciso ter um líder se uma equipe deseja alcançar seu potencial e realizar seus objetivos. É por isso que eu digo que a diferença entre duas equipes igualmente talentosas é a liderança.

Pensamento de equipe

Tudo começa e termina na liderança.

Tornando-se um membro de equipe melhor

Você não precisa ser o líder para ser um líder em sua equipe. Dê início ao processo de melhoria de sua liderança ainda hoje. Faça o seguinte:

- Reconheça o valor da liderança.
- Assuma responsabilidade pessoal pelo crescimento de sua liderança.
- Inscreva-se num programa de desenvolvimento de liderança.
- Encontre um conselheiro de liderança.

Somente depois de adicionar valor a si mesmo você será capaz de adicionar valor à sua equipe e seus membros, além de influenciar outras pessoas a ajudarem seu time.

Tornando-se um líder de equipe melhor

Se você é o líder de sua equipe, então a melhor coisa que pode fazer por seus liderados é seguir o exemplo de Joseph Strauss. Coloque outros líderes na equipe.

Você pode fazer isso de duas maneiras. Primeiramente, atraia os melhores líderes que você puder — pessoas cujo talento e potencial são maiores que o seu próprio. Segundo, desenvolva as pessoas que já estão em sua equipe. Quanto mais forte for a liderança de sua equipe, maior será o potencial da equipe para o sucesso. Nunca se esqueça: tudo começa e termina na liderança.

16. A Lei do Moral Elevado

Quando estamos vencendo, nada nos perturba

Há uma imagem que a maioria dos americanos não esquecerá: a ginasta Kerri Strug sendo carregada nos braços do técnico Bela Karolyi até o pódio para receber sua medalha de ouro, com suas seis colegas, nos Jogos Olímpicos de Atlanta, em 1996. Foi um momento marcante. Era a primeira vez que a equipe de ginástica feminina dos Estados Unidos ganhava a medalha de ouro, mas não é por isso que as pessoas vão se lembrar daquele momento. Apesar de ser uma imagem para ficar registrada em nossas mentes — a pequena Strug, pesando apenas quarenta quilos, sendo carregada por um homem enorme, mais parecendo um urso, considerado o maior técnico de ginástica olímpica da história — será relembrada principalmente por causa do perfeito retrato da Lei do Moral Elevado.

A primeira vez de uma equipe

Mesmo que você não tenha visto pela televisão como eu, provavelmente conhece a história. No esporte dominado por equipes russas e romenas, a equipe dos Estados Unidos estava pela primeira vez à frente durante aquela Olimpíada. Os russos haviam começado muito fortes, mas, depois da primeira rodada de eventos, os americanos estavam em primeiro lugar. À medida que os atletas competiam em cada uma das modalidades, a liderança da equipe americana continuava a crescer — não de uma vez, mas aos poucos. Conforme as equipes chegaram aos eventos finais — o exercício de solo para as russas e o salto sobre o cavalo para as americanas — tudo o que o time americano precisava fazer era terminar bem, e a medalha de ouro seria delas.

A penúltima atleta americana a competir no salto sobre o cavalo era Dominique Moceanu, normalmente uma atleta de grande desempenho. Contudo, para surpresa de todos, em sua primeira tentativa ela finalizou seu exercício caindo sentada, em vez de cair sobre seus pés, o que lhe deu uma nota bastante baixa. Felizmente, no salto sobre o cavalo para mulheres, cada atleta tem uma segunda tentativa, e somente a melhor das duas é que vale pontos. Porém, inacreditavelmente, Moceanu perdeu sua segunda tentativa, obtendo os mesmos resultados.

Apesar de o desempenho de Moceanu ter sido algo inesperado, a situação não era desesperadora. A equipe americana ainda tinha uma atleta: Kerri Strug, que havia recebido a nota mais alta no salto sobre o cavalo durante a qualificação para as Olimpíadas. Bastava um bom desempenho dela e a medalha de ouro pertenceria à equipe americana. Quando Strug fez sua saída na primeira tentativa, contudo, seus pés não estavam posicionados da maneira correta. Assim, ela escorregou e caiu. Pior que isso: ela se machucou e ainda precisava completar outra apresentação para a equipe.

Agora a situação era desesperadora. Depois do evento, alguns comentaristas disseram que os Estados Unidos poderiam ter ganhado sem a segunda tentativa de Strug. Contudo, naquele momento, a ginasta russa Rozalia Galiyeva ainda iria competir nos exercícios de solo. O técnico americano Bela Karolyi estava preocupado, pois uma nota alta da russa custaria às americanas a vitória tão duramente perseguida.

Strug sabia o que tinha de fazer. Ela precisava sair do cavalo de maneira correta — e esta seria a última tentativa do último evento da competição feminina. "Dê-me uma última apresentação", disse Karolyi, encorajando-a. "Dê-me uma última boa apresentação."

Não era a primeira vez para Strug

Todo atleta que chega aos níveis mais altos sabe o que significa competir com dor. Kerri Strug não era diferente. Além de todas as entorses, contusões e luxações, ela já havia sofrido uma ruptura no músculo abdominal e um sério ferimento causado por uma queda das barras assimétricas. Karolyi disse o seguinte sobre ela: "Ela é simplesmente uma menina pequena que nunca foi de grande destaque... sempre um pouco tímida, sempre ficando atrás de alguém. Mas há momentos em que esta é a pessoa com a maior garra."[1]

Uma ginasta tem apenas trinta segundos para completar sua segunda tentativa de salto sobre o cavalo depois que os pontos da primeira apresentação foram tabulados. Naqueles momentos, Strug estava concentrada em si mesma. Mais tarde, ela comentou: "Eu sabia que alguma coisa estava errada comigo. Ouvi alguma coisa estalar. Fiquei dizendo a mim mesma que não poderia cair errado do cavalo ou a medalha de ouro fugiria de nossas mãos e todo trabalho e esforços seriam perdidos em apenas alguns segundos. Fiz uma pequena oração e pedi que Deus me ajudasse."[2]

Dor ou ganho?

O que Strug não sabia é que dois ligamentos de seu tornozelo esquerdo haviam rompido durante sua primeira tentativa. Mas isso não importava. Ela correu, pulou no trampolim, tocou o cavalo com suas mãos e voou pelo ar. Miraculosamente, ela caiu com firmeza sobre os dois pés. Então, sentiu uma dor excruciante. Firmou-se em um pé, saudou rapidamente os juízes e caiu no chão. Ela completou seu salto, conseguiu os pontos e toda a equipe recebeu a medalha de ouro.

Depois disso, a menina que sempre esteve no segundo plano, que nunca fora a estrela do ginásio, tornou-se a atriz principal da equipe olímpica. Todos estavam agradecidos pelo sacrifício que ela havia feito. O jornalista esportivo E. M. Swift escreveu:

Tudo o que ela sabia, além da certeza da medalha de ouro, era que havia se ferido gravemente para competir nas provas individuais dois dias depois, um objetivo para o qual ela havia se preparado nos últimos quatro anos. Aquele foi seu momento de maior triunfo, assim como o de maior desapontamento. Sua vontade havia encontrado uma maneira de bloquear a dor por alguns segundos cruciais, mas aquilo lhe custou um alto preço. Ela havia literalmente se sacrificado pela equipe.[3]

As palavras de Strug foram simples e diretas: "Quando você se sai bem, você acha que valeu a pena. Quando se sacrifica tanto e finalmente se sai bem, você se sente ainda melhor."[4] Em outras palavras, quando estamos vencendo, nada nos perturba. Esta é a Lei do Moral Elevado.

Levando o time para cima

A Lei do Moral Elevado pode soar conhecida porque a frase desta lei foi inspirada nas palavras de Joe Namath, o armador que ajudou os New York Jets a vencerem o Super Bowl de 1969. Tal como qualquer campeão, ele entendia que há uma grande alegria que brota da vitória. Esse sentimento pode ser tão forte a ponto de permitir que você enfrente a disciplina, a dor e o sacrifício requeridos para que seu desempenho seja de alto nível.

> É irônico, mas, se você joga machucado, você pode colocar a equipe numa posição de vitória. E se você vence, nada machuca.

Foi isso que sentiu Kerri Strug. Quando estava se preparando para o último salto, ela sabia que seu desempenho poderia fazer com que sua equipe vencesse. Esse conhecimento fortaleceu-a a ponto de ela se superar em nome da equipe, a coisa mais importante naquele momento. Talvez tenha sido por isso que George Allen, técnico do Red Skins no início da década de 70, tenha dito: "Sempre que vence, você nasce de novo; quando perde, você morre um pouco." É irônico, mas, se você joga machucado, você pode colocar a equipe numa posição de vitória. E se você vence, nada machuca.

Um moral verdadeiramente alto ajuda a equipe a ter seu melhor desempenho. O moral alto pode ser uma diferença crítica. Quando a equipe tem um moral alto, ela não precisa apenas lidar com qualquer circunstância que se apresente. Ela própria cria suas próprias circunstâncias.

- Aquele que *levanta fundos* sabe que, sob certas circunstâncias, as pessoas adoram fazer doações.
- O *professor* sabe que, sob certas circunstâncias, os alunos adoram crescer.
- O *líder* sabe que, sob certas circunstâncias, as pessoas adoram seguir.
- O *técnico* sabe que, sob certas circunstâncias, os jogadores são capazes de vencer.

O moral elevado é uma das coisas mais essenciais para criar as circunstâncias corretas para que qualquer equipe tenha um desempenho de alto nível.

O moral elevado é o grande...

Se uma equipe está vencendo, então o moral está alto. E se o moral está alto, então a equipe está em posição de vencer. Portanto, o que vem primeiro: o moral elevado ou a vitória? Creio que o moral elevado normalmente vem em primeiro lugar. Por quê? Porque o moral alto amplia tudo de positivo que pode estar acontecendo para a equipe.

1. O moral elevado é o grande exagerador

Quando uma equipe inteira é positiva e todos os jogadores se sentem bem com relação a si mesmos, tudo parece bom. A preparação parece acontecer mais tranquilamente. Cada mudança parece ter propósito. As pequenas vitórias parecem doces e as grandes fazem você se sentir quase que invencível. As estrelas da equipe desempenham seu papel nos momentos difíceis e até mesmo os jogadores reservas parecem estar jogando além de suas capacidades normais.

Algumas pessoas chamam esse período de onda de vitória ou maré de sorte. Mas é simplesmente o moral elevado. Nos esportes, durante os tempos de moral elevado, os jogadores fazem imitações uns dos outros apenas para se divertir. Nos negócios, as pessoas compram as ações daquela empresa. Na área de entretenimento, revistas e redes de televisão pedem entrevistas — e os produtores pagam enormes quantias para ter os serviços daquelas equipes. Será que a equipe saiu da falta de talento para o estrelato da noite para o dia? O time é realmente tão bom quanto se diz? Provavelmente não. A equipe está vivenciando o trabalho do grande exagerador.

2. O moral elevado é o grande elevador

Quando a equipe possui um moral elevado, o desempenho de seus componentes sobe a um patamar completamente novo. A equipe se concentra em seu potencial, não em seus problemas. Os membros da equipe se tornam mais dedicados. E todos acham que é mais fácil ser altruísta. Os membros da equipe estão confiantes e essa confiança os ajuda a terem um desempenho mais elevado.

Quando um time está perdendo, ocorre o efeito oposto. Os jogadores se concentram em seus problemas. Todo o mundo tem o menor nível de comprometimento. O time repele as pessoas, em vez de atraí-las. Todos começam a olhar para si mesmos, em vez de se voltarem para seus colegas de equipe. Quando você está perdendo, tudo perturba.

3. O moral elevado é o grande provedor de energia

Moral elevado dá energia à equipe. Os jogadores ficam parecendo o coelho da Duracell: não param nunca. Nem uma montanha parece tão alta. Nenhum projeto parece ser tão difícil. Nenhuma corrida parece longa demais. Seu entusiasmo caminha com sua energia e a equipe desenvolve um impulso que é praticamente incontrolável.

4. O moral elevado é o grande eliminador

Devido ao impulso e à energia que vêm com ele, o moral elevado também se torna o grande eliminador. Enquanto a equipe que está perdendo e experimentando moral baixo pode se perturbar até mesmo com problemas ínfimos, uma equipe com moral elevado prosseguirá até mesmo diante de um enorme obstáculo ou de um revés imenso. Os problemas simplesmente parecem desaparecer, não importa quão grandes eles sejam.

5. O moral elevado é o grande libertador

Outra coisa que o moral elevado faz por uma equipe é libertá-la. A vitória abre espaço para respirar. Uma boa equipe com moral elevado usa este espaço para assumir riscos e experimentar novas ideias, novos movimentos, novos conceitos que, de outra maneira, jamais tentaria. Ela para de fazer perguntas que, de outro modo, estaria se fazendo. Fazer essas coisas dá espaço para a criatividade e a inovação. Em resumo, o moral elevado liberta o time para alcançar seu potencial.

Os quatro estágios do moral

Você pode estar dizendo: "Tudo bem, eu concordo. Quando estamos vencendo, nada nos perturba. O moral elevado é muito importante para a equipe. Mas como é que eu consigo levar este moral para a equipe?" Deixe-me dizer-lhe. Se você é um membro da equipe, então precisa ter uma boa atitude, sempre dar o melhor de si e apoiar as pessoas da equipe, tanto membros quanto líderes. Se você tem pouca influência, então exerça essa influência ao mostrar excelência.

Contudo, se você é um dos líderes da equipe, então você tem responsabilidades mais amplas. Precisa modelar a excelência, mas também precisa fazer mais. Precisa ajudar as pessoas que você lidera a desenvolverem o moral e o impulso para criar uma equipe vencedora. A chave para saber o que fazer pode ser encontrada nos quatro estágios do moral.

Estágio 1: Moral inexistente: o líder precisa fazer tudo

Nada é mais desagradável do que estar numa equipe na qual ninguém quer estar. Quando é este o caso, a equipe normalmente é negativa, sente-se letárgica e não tem esperança. Normalmente essa é a atmosfera que encontramos em time que está perdendo.

Se você está nessa situação, então faça o seguinte:

- *Investigue a situação.* Comece analisando o que a equipe está fazendo de errado. Conserte aquilo que está quebrado. Fazer apenas isso não trará o moral elevado à equipe, mas vai eliminar as razões para que os membros da equipe continuem com o moral baixo.
- *Incentive a crença.* Uma equipe mudará somente quando as pessoas acreditarem em si mesmas. Como líder, você deve incentivar esta crença. Mostre às pessoas que você acredita em si mesmo e nelas.
- *Crie energia.* O desejo de mudar sem a energia para fazê-lo simplesmente frustra as pessoas. Para trazer um grande nível de energia para a equipe, você mesmo precisa ter energia. Trabalhe com energia por um tempo suficiente e algumas pessoas da equipe terminarão se juntando a você. Então, outras pessoas virão. No final, a energia estará se espalhando.
- *Dissemine a esperança.* A mais profunda necessidade dos membros da equipe neste estágio é a esperança. Como disse Napoleão Bonaparte, "os líderes são vendedores de esperança".

> Os líderes são vendedores de esperança.
> — Napoleão Bonaparte

No estágio 1, a única maneira de fazer com que a bola continue rolando é empurrá-la com suas próprias mãos. Como líder, você não pode esperar que alguém mais faça isso.

Estágio 2: Moral baixo: o líder precisa fazer coisas produtivas

No início, qualquer movimento é uma vitória digna de nota. Contudo, para criar um moral positivo, você precisa pegar uma certa velocidade. Precisa ser produtivo. Além do mais, não dá para manobrar um carro estacionado! Faça o time andar.

- *Seja exemplo de um comportamento que dê alto retorno.* As pessoas reproduzem o que veem. A melhor maneira de elas aprenderem o que você espera delas é servir de exemplo.
- *Desenvolva relacionamentos com pessoas de potencial.* Para fazer com que qualquer equipe siga na direção correta, você precisa de membros

de equipe que possam produzir. Neste estágio, sua equipe pode ter alguns produtores. Se tiver, desenvolva relacionamentos com eles. Se não tiver, encontre as pessoas que têm potencial para serem produtivas e comece com elas. Não exija muito delas no início. Os líderes precisam tocar o coração antes de pedir ajuda. É por isso que você precisa começar construindo relacionamentos.

- *Destaque pequenas vitórias e alcance seus liderados através delas.* Nada ajuda mais as pessoas a crescerem em sua habilidade e em confiança do que ter algumas vitórias no bolso. É isso que você quer dar aos membros de sua equipe. Mais uma vez, comece com as pessoas que têm mais potencial. Suas pequenas vitórias ajudarão aos menos talentosos a ganharem confiança e serem bem-sucedidos.
- *Comunique a visão.* Como já expliquei na Lei da Bússola, a visão dá aos membros da equipe direção e confiança. Mantenha a visão diante de sua equipe continuamente.

Estágio 3: Moral moderado: o líder precisa fazer coisas difíceis

Você se lembra do tempo em que estava tirando sua carta de motorista? É possível que, antes de recebê-la, você tenha passado alguns bons momentos apenas sentado no assento do motorista, imaginando como seria dirigir. Mais tarde, quando você tirou a carta e pôde dirigir um carro, o simples ato de sair com o carro da garagem era um desafio.

> Quando a equipe estiver realmente se movendo, então você poderá começar a manobrar.

Não importava se você precisava ir apenas até a esquina. Porém, conforme você foi ficando mais experiente, apenas dirigir não era suficiente. Você precisava ter um destino.

A mesma coisa acontece com uma equipe. Reunir a equipe e fazê-la se mover já é um feito. Mas o lugar aonde você está indo é importante. Para sair de movimentar a equipe e chegar a levar a equipe na direção certa você precisa fazer coisas difíceis que ajudam a equipe a melhorar e a desenvolver o moral elevado. Você precisa...

- *Fazer mudanças que melhoram a equipe.* Você já entende a Lei da Corrente. Simplesmente lembre-se de que os líderes são responsáveis por minimizar os danos que qualquer membro da equipe possa fazer por causa de fraqueza ou de atitude errada, também deve otimizar a eficiência de todos os membros da equipe, colocando-os nos nichos adequados. Normalmente essas ações requerem decisões difíceis.
- *Promova a aceitação dos membros da equipe.* Uma coisa é lançar a visão para a equipe. Outra é conseguir que seus liderados a aceitem. Contudo, para construir o moral elevado, você precisa fazer isso. Os membros da equipe devem aceitá-lo como líder, adotar os valores e a missão da equipe e se alinharem com suas expectativas. Se você puder fazer tudo isso, será capaz de levar a equipe aonde ela precisa ir.
- *Mostre o seu compromisso.* Parte do processo de fazer com que as pessoas o aceitem passa pela ação de mostrar a elas qual é o seu compromisso. A Lei da Aquisição, do livro *As 21 Irrefutáveis Leis da Liderança*, diz que as pessoas aceitam o líder e, então, a sua visão. Se você tem consistentemente demonstrado alta competência, bom caráter e grande comprometimento, você lançou as fundações para que seus liderados o aceitem.
- *Desenvolva e equipe os liderados para o sucesso.* Nada constrói o moral como o sucesso. A maioria das pessoas não é capaz de alcançar o sucesso sozinha. Elas precisam de ajuda e esta é uma das principais razões para que alguém as lidere. Se você investir em seus liderados, então ajudará tanto a eles quanto a equipe a serem bem-sucedidos.

Os dois estágios mais difíceis na vida de uma equipe são o primeiro estágio, onde você está tentando criar um movimento na equipe que não está indo a lugar nenhum, e o terceiro estágio, quando você deve se tornar um agente de mudanças. Esses são os dois momentos em que a liderança é mais necessária. O terceiro estágio é a hora do "vai ou racha" para o líder. Se você for bem-sucedido no estágio 3, então será capaz de criar um moral elevado em sua equipe.

Estágio 4. Moral elevado: o líder precisa fazer poucas coisas

No estágio 4, seu trabalho como líder vai ajudar a manter o moral elevado e o impulso do time.

- Mantenha a equipe concentrada e no curso. O moral elevado leva à vitória. E a vitória mantém o moral. É por isso que é importante manter os membros da equipe concentrados. Se você perder o foco ou sair do curso, então eles deixarão de vencer. Lembre-se: quanto mais longe você tiver a intenção de ir, maior o impacto de um erro na direção. Se você quer cruzar uma rua, estar um ou dois graus fora do curso não o atrapalha. Se você quer cruzar o oceano, um erro de cálculo de poucos graus pode causar-lhe muitos problemas.
- Comunique os sucessos. Saber aquilo que estão fazendo corretamente ajuda as pessoas a permanecerem na rota. Você pode indicar isso comunicando o sucesso da equipe. Nada dá mais força ao moral do que a vitória e a celebração dela.
- Livre-se dos destruidores do moral. Uma vez que a equipe esteja caminhando na direção certa, faça com que ela continue caminhando. A Lei do Grande Impulso, do livro *As 21 Irrefutáveis Leis da Liderança*, diz que o impulso é o melhor amigo do líder. Os líderes veem antes dos outros, de modo que precisam proteger a equipe de coisas que podem atrapalhá-la.
- Deixe que outros líderes liderem. Um líder que prepara outros membros da equipe para liderarem e depois dá liberdade a eles para fazerem isso realiza duas coisas. Primeiramente, ele usa o impulso que a equipe já possui para criar novos líderes para a equipe. É mais fácil fazer novos líderes bem-sucedidos se eles já fizerem parte de um time bem-sucedido. Segundo, ele aumenta a liderança da equipe. Isso faz com que a equipe seja ainda mais bem-sucedida. Um líder que continuamente faz isso pode criar um ciclo de sucesso que alimenta o moral elevado da equipe.

Os Quatro Estágios do Moral

1. Moral inexistente: o líder precisa fazer tudo.
2. Moral baixo: o líder precisa fazer coisas produtivas.

3. Moral moderado: o líder precisa fazer coisas difíceis.
4. Moral elevado: o líder precisa fazer poucas coisas.

O processo de construir um moral elevado exige uma forte liderança e toma bastante tempo. Quando penso em alguém que foi um mestre neste processo, logo me vem à mente a imagem de Ronald Reagan. Quando ele assumiu a presidência dos Estados Unidos em 1981, o moral do país estava em seu nível mais baixo desde a Grande Depressão. As pessoas haviam perdido a confiança no governo americano depois do caso Watergate. A ameaça da guerra nuclear com a União Soviética nunca esteve tão próxima do pensamento das pessoas. A inflação estava fora de controle. O preço do petróleo estava nas alturas. As taxas de juros estavam elevadas. As pessoas não poderiam estar mais desanimadas.

> Quando a Lei do Moral Elevado está trabalhando a todo vapor, o líder incrementa o moral de sua equipe e a equipe eleva o moral do líder.

Ronald Reagan ajudou as pessoas a acreditarem novamente no país. Em seu mandato, a economia reviveu, a Guerra Fria acabou, o muro de Berlim caiu e as pessoas voltaram a acreditar em si mesmas e no país.

Moral elevado em casa

Você não precisa ter o poder de um presidente ou a habilidade de uma atleta olímpica para praticar a Lei do Moral Elevado. Você pode aplicar o princípio ao seu negócio, ao seu serviço voluntário ou até mesmo à sua família. Na verdade, quando a Lei do Moral Elevado está trabalhando a todo vapor, o líder incrementa o moral de sua equipe e a equipe eleva o moral do líder. É assim que deve ser. Quando estamos vencendo, nada nos perturba.

Deixe-me contar a história de uma equipe em que os membros continuamente se inspiram e edificam uns aos outros a tal ponto que seu moral é alto e eles continuam a vencer, independente da dor que sentem. Eles são a equipe de pai e filho, Dick e Rick Hoyt.

Quando Rick Hoyt nasceu, em 1962, seus pais possuíam o típico entusiasmo dos pais de primeira viagem. Porém, eles descobriram que, durante o nascimento de Rick, seu cordão umbilical ficara enrolado em seu pescoço, cortando o suprimento de oxigênio ao cérebro. Mais tarde, Rick recebeu o diagnóstico de paralisia cerebral. "Quando ele completou oito meses de idade", disse o pai, Dick, "os médicos nos disseram que deveríamos colocá-lo de lado, pois ele seria um vegetal por toda sua vida."[5] Mas os pais de Rick não fizeram isso. Eles estavam determinados a criá-lo como outra criança qualquer.

Uma batalha morro acima

Em alguns momentos, isso foi bastante difícil. Rick é tetraplégico e não pode falar devido ao limitado controle que tem de sua língua. Mas os pais de Rick trabalharam com ele, ensinando-lhe tudo o que podiam e incluindo-o nas atividades da família. Quando Rick completou dez anos, sua vida mudou. Engenheiros da Universidade Tufts criaram um aparelho que permitia que ele se comunicasse através de um computador. As primeiras palavras que ele lenta e dolorosamente articulou foram "Vai, Bruins". Foi então que a família percebeu que ele era fã de esportes, pois estavam acompanhando as finais da liga nacional de hóquei, nas quais estava jogando o time do Boston Bruins.

Em 1975, depois de uma longa batalha, a família finalmente conseguiu colocar Rick em uma escola pública, onde ele se destacou, apesar de suas limitações físicas. O mundo de Rick estava mudando.

Mudou ainda mais, dois anos depois. Quando Rick descobriu que uma corrida de cinco quilômetros estava sendo promovida para levantar fundos para um jovem atleta que havia ficado paralítico em um acidente, ele disse a seus pais que gostaria de participar.

Dick era tenente-coronel da Guarda Nacional Aérea e havia se aposentado depois do nascimento de Rick. Estava com quase quarenta anos e fora de forma, mas concordou em correr e empurrar seu filho numa cadeira de rodas modificada. Quando eles cruzaram a linha de chegada (em penúltimo lugar), Dick se lembra que Rick "deu o maior sorriso de sua vida". Depois da corrida, Rick escreveu esta simples mensagem: "Papai, senti-me como se não fosse deficiente." Depois daquele dia, a vida deles nunca mais seria a mesma.

Trabalhando juntos

O que faz um pai quando seu filho diz que adora correr, sendo que ele nunca havia saído de uma cadeira de rodas? Ele se torna as mãos e os pés de seu filho. Foi nesse dia que nasceu a "Equipe Hoyt". Dick conseguiu uma cadeira de rodas mais sofisticada, própria para corridas. Então o adolescente tetraplégico e o papai fora de forma começaram a correr juntos — e não apenas casualmente. Não demorou muito e eles estavam treinando seriamente. Em 1981, eles correram sua primeira Maratona de Boston juntos. Desde então, não perderam uma maratona naquela cidade em vinte anos.

Depois de quatro anos correndo maratonas, os dois decidiram que eles estavam prontos para outro desafio: o triatlo, que combina natação, ciclismo e corrida. Esse era o grande desafio, especialmente porque Dick precisaria aprender a nadar! Mas ele aprendeu. Dick explicou: "É ele quem tem me motivado. Se não fosse por ele, eu não estaria competindo. O que estou fazendo é emprestar meus braços e pernas a Rick de modo que ele possa estar lá fora competindo como qualquer outra pessoa."

De todas as corridas do mundo, uma é considerada a mais dura de todas: o triatlo Ironman, no Havaí. Ele consiste de três provas: 3,8 quilômetros de natação, 180 quilômetros de ciclismo e uma maratona completa de 42 quilômetros. É um excruciante teste de força para qualquer indivíduo. Em 1989, Dick e Rick competiram juntos. Na parte de natação, Dick rebocou um pequeno barco no qual estava Rick. Então, pedalou os 180 quilômetros com Rick sentado numa cadeira especial montada no guidão da bicicleta. Quando chegou a hora da corrida, Dick estava exausto.

Mas é nessas situações que a Lei do Moral Elevado nos impulsiona. Tudo o que Dick precisava fazer era pensar nas palavras de seu filho:

> Quando estou correndo, minha deficiência parece desaparecer.
> É o único lugar onde eu realmente sinto que sou igual aos outros.

Devido ao retorno altamente positivo, não me sinto deficiente de modo algum. Em vez disso, sinto que sou uma pessoa inteligente que não tem limites.[7]

Quando estamos vencendo, nada nos perturba. Ao continuar a correr, Dick estaria vencendo por seu filho e isso é o que fazia todo o treinamento e a dor valerem a pena. Dick carregou Rick em sua cadeira de corrida e prosseguiram para concluir o Ironman. A dupla acabou a prova em pouco mais de 13 horas e 43 minutos — um tempo considerado muito bom.

Desde então, Rick já obteve seu diploma universitário e trabalha na Universidade de Boston ajudando a projetar sistemas de computadores para pessoas com deficiências. Naturalmente, ele ainda compete com seu pai, que agora está com mais de sessenta anos de idade. Em março de 2001, a Equipe Hoyt havia completado um total de 731 corridas. Já haviam terminado 53 maratonas e 135 triatlos, incluindo quatro corridas semelhantes ao Ironman. E eles vão continuar correndo. "Não existe nada neste mundo que não possamos conquistar juntos", diz Dick. Ele sabe o que diz. Por quase 25 anos, ele e seu colega de equipe têm colhido as recompensas da Lei do Moral Elevado.

Pensamento de equipe

Quando você faz bem feito, você se sente bem; quando você se sente bem, você faz bem feito.

Tornando-se um membro de equipe melhor

Se você quer colher as recompensas da Lei do Moral Elevado, não pode esperar até que o seu moral esteja alto para começar a fazer alguma coisa. Você precisa agir para sentir, e não sentir para agir. Comece a agir num nível de excelência apropriado a alguém que está experimentando uma temporada de vitórias. Sua dedicação e entusiasmo vão ajudar seu desempenho — e vão inspirar alguns de seus colegas de equipe.

Tornando-se um líder de equipe melhor

Se você é o líder de sua equipe, então você precisa descobrir que tipo de moral sua equipe está experimentando atualmente:

- Moral inexistente: sua equipe está morta e é profundamente negativa.
- Moral baixo: a equipe está fazendo algum progresso, mas não está coesa nem tem confiança.
- Moral moderado: a equipe está experimentando algumas vitórias e começa a crer em si mesma, mas algumas decisões difíceis precisam ser tomadas para que ela possa atingir um nível mais alto.
- Moral elevado: a equipe está tendo um desempenho perto do seu potencial, está vencendo e só precisa manter o curso.

Depois de ter determinado o estágio de sua equipe, aplique as orientações deste capítulo de modo que você possa levar sua equipe ou sua área ao próximo estágio.

17. A Lei dos Dividendos

Investir na equipe produz dividendos a longo prazo

ELE É UM DOS MAIORES FORMADORES DE EQUIPES DE TODOS OS ESPORTES, EMBORA você provavelmente nunca tenha ouvido falar dele. Veja uma pequena lista de seus impressionantes feitos:

- Quarenta campeonatos consecutivos de basquetebol com pelo menos vinte vitórias.
- Cinco campeonatos nacionais.
- Número Um de sua região por vinte vezes nos últimos 33 anos.
- Porcentagem de vitórias em sua vida de 0,870.

Seu nome é Morgan Wootten. E por que a maioria das pessoas nunca ouviu falar dele? Porque ele é técnico de basquete do colegial! Quando se pede às pessoas para dizerem o nome do maior técnico de basquete de todos os tempos, a maioria cita um dos dois nomes a seguir: Red Auerbach ou John Wooden. Mas você sabe o que John Wooden, o técnico da UCLA chamado de o Mago de Westwood, tem a dizer sobre Morgan Wootten? Ele foi enfático em sua avaliação: "As pessoas dizem que Morgan Wootten é o melhor técnico colegial de todo país. Eu discordo. Não conheço nenhum técnico melhor em qualquer outro nível — colegial, universitário ou profissional. Tenho dito isso por onde vou e vou dizer aqui também: tenho o maior respeito por ele."[1]

Este é um elogio bastante forte vindo de um homem que ganhou dez campeonatos nacionais da NCAA e foi técnico dos mais talentosos jogadores desse esporte, incluindo Kareem Abdul-Jabbar (a propósito, quando Kareem estava no colegial, na Power Memorial Academy, seu time perdeu apenas um jogo — para a equipe de Morgan Wootten!).

Sem planos de ser um formador de equipes

Morgan Wootten nunca planejou ser técnico de uma equipe. Ele era um bom atleta no colegial, mas não tinha nada de especial. Entretanto, ele era muito bom em conversar. Durante a adolescência, sua ambição era ser um advogado. Quando tinha dezenove anos, e era aluno do colegial, um amigo brincou com ele no sentido de que ele aceitasse ajudar um orfanato, sendo técnico do time de beisebol, jogo do qual ele sabia muito pouco. O time não tinha uniforme nem equipamentos. Apesar de trabalharem duro, os garotos perderam todos os dezesseis jogos que fizeram.

Durante a primeira temporada, Wootten se apaixonou por aqueles garotos. Quando eles pediram que ele voltasse para lhes ensinar futebol americano, ele foi incapaz de recusar. Além disso, ele havia jogado futebol no colegial, de modo que sabia um pouquinho do esporte. O time do orfanato estava invicto e venceu o campeonato da Catholic Youth Organization (CYO) em Washington, DC. O mais importante de tudo foi que Wootten começou a perceber que queria investir seu tempo em crianças e não em tribunais.

Mesmo naquele primeiro ano ele fez uma diferença na vida daqueles garotos. Ele se lembra de um menino em especial que havia começado a roubar e que era geralmente trazido de volta ao orfanato pela polícia. Ele descrevia o garoto como "alguém que já estava perdendo por 2 a 0". Wootten fez questão de dizer ao garoto que ele estava se metendo em encrencas. Mas o técnico também colocou o garoto debaixo de suas asas. Wootten recorda:

Começamos a passar algum tempo juntos. Levei-o para casa e ele adorou a comida de mamãe. Ele passava os finais de semana conosco. Tornou-se amigo de meus irmãos e irmãs. Ele ainda está em Washington hoje. Está se saindo muito bem e é reconhecido por muitas pessoas. Qualquer um sentiria orgulho de chamá-lo de seu filho. Ele estava fadado a uma vida de crimes e a passar seus dias na cadeia ou talvez alguma coisa pior, até que alguém pudesse dar a ele o maior presente que um pai poderia dar a um filho: seu tempo.

Dar de si mesmo às pessoas de sua equipe é algo que Wootten tem feito todos os anos desde então. Marty Fletcher, ex-jogador e assistente de Wootten, resumiu seu talento da seguinte maneira: "Seu segredo é que ele faz qualquer um que esteja com ele se sentir a pessoa mais importante do mundo."[2]

Criando uma dinastia

Não demorou muito até que Wootten fosse convidado para se tornar técnico assistente numa influente escola de ensino médio. Então, com alguns anos de experiência em seu currículo, ele se tornou o técnico principal do Colégio DeMatha.

Quando começou a trabalhar ali, em 1956, Wootten estava assumindo um monte de times perdedores. Ele reuniu todos os alunos que queriam praticar esportes no DeMatha e lhes disse:

> Gente, as coisas vão mudar. Sei como os times do DeMatha têm jogado mal durante os últimos anos, mas isso acabou. Vamos vencer no DeMatha e vamos construir uma tradição de vitórias. Começando agora mesmo... mas deixe-me dizer-lhes como vamos fazer isso. Vamos apertar cada time, trabalhar cada jogada... com bastante trabalho duro, disciplina e dedicação, as pessoas vão nos conhecer e vão nos respeitar, porque o DeMatha será um vencedor.[3]

Naquele ano, o time de futebol venceu metade de seus jogos, o que já foi um grande feito. As equipes de basquete e beisebol foram campeãs da divisão. Suas equipes têm vencido desde então. Há muito o DeMatha tem sido considerado uma dinastia.

Em 13 de outubro de 2000, Wootten foi incluído no Hall da Fama de Naismith, em Springfield, Massachussetts. Naquela época, seus times haviam acumulado o recorde de 1210-183. Durante todos esses anos, mais de 250 de seus jogadores obtiveram bolsas de estudo. Doze dos jogadores treinados por ele no colegial foram jogar na NBA.[4]

Não tem a ver com basquete

Mas vencer jogos e receber honrarias não é o que mais anima Wootten. É o investimento nas crianças. Wootten diz:

> Os técnicos de qualquer nível têm uma tendência de, às vezes, perder de vista seu propósito, especialmente depois da chegada do sucesso. Eles começam a colocar o carro na frente dos bois, trabalhando cada vez mais duro para desenvolver suas equipes, usando seus garotos ou meninas para fazê-lo, esquecendo pouco a pouco que seu verdadeiro propósito deveria ser desenvolver as crianças, usando as equipes para fazer isso.[5]

A atitude de Wootten produz frutos não apenas para a equipe, mas também para os indivíduos que formam os times. Um exemplo disso é que, por 26 anos, todos os seniores de Wootten obtiveram bolsas de estudo para a faculdade — não apenas os titulares, mas também os reservas. O técnico assistente da Universidade Estadual da Pensilvânia, Chuck Swenson, fez a seguinte observação: "Mesmo se você souber que um garoto não é um bom jogador, o fato de ele ser um atleta do DeMatha já é um indício de que ele vai ajudar seu programa. Ser treinado por Morgan é certeza de estar recebendo um garoto de qualidade que vai tirar boas notas e trabalhar duro para você."[6] Gary Williams, técnico principal da Universidade de Maryland, concorda sobre a qualidade dos jogadores: "Seus jogadores são tão importantes, fazem tantas coisas certas que acho que não haveria melhor atividade para melhorar essas crianças do que terem participado dos programas esportivos com Morgan... Eles não são talentos brutos: já estão refinados."[7] O mais notável é que esses comentários se referem a alunos do colegial, e não a universitários ou profissionais.

Investir na equipe produz dividendos a longo prazo. Morgan Wootten investe em seus jogadores porque esta é a coisa certa a fazer, porque se importa com eles. Essa prática tem feito com que seus jogadores sejam bons, suas equipes bem-sucedidas e sua carreira notável. Ele é o primeiro técnico de basquetebol a vencer 1.200 jogos em qualquer nível. O desenvolvimento de pessoas se paga de todas as maneiras. Este o poder da Lei dos Dividendos.

Grandes investidores

Por todos os capítulos deste livro, você leu sobre pessoas que dedicaram a si mesmas ao investimento em pessoas que fazem parte de suas equipes. Esses investimentos geram todos os tipos de dividendos. O investimento de Gordon Bethune na confiança foi pago ao manter a Continental em operação e salvar o emprego de catorze mil pessoas. O investimento de Berme Marcus e Arthur Blank está pagando dividendos aos funcionários que possuem ações da Home Depot, incluindo mil funcionários que se tornaram milionários. O investimento de Jeff Skilling na Enron está pagando dividendos na formação de novas iniciativas da indústria através dos líderes da companhia. O investimento de Lilly Tartikoff nas pessoas está pagando dividendos através da pesquisa sobre o câncer. Normalmente o tempo, o dinheiro e os esforços requeridos para desenvolver os membros de uma equipe não mudam esse time da noite para o dia, mas o fato de desenvolvê-los sempre dá retorno. Investir na equipe produz dividendos a longo prazo.

> O tempo, o dinheiro e os esforços requeridos para desenvolver os membros de uma equipe não mudam este time da noite para o dia, mas o fato de desenvolvê-los sempre dá retorno.

Como investir em sua equipe

Tomar a decisão de que todas as pessoas da equipe são dignas de receberem desenvolvimento é o primeiro passo na construção de uma equipe melhor.

Creio que a maioria das pessoas reconhece que investir numa equipe traz benefícios a todos que fazem parte dela. A questão para a maioria das pessoas não é por que, mas como. Deixe-me compartilhar com vocês dez passos que você pode dar para investir em sua equipe. Você pode implementar estas práticas quer seja um jogador ou treinador, funcionário, seguidor ou líder. Sempre há alguém na equipe que pode se beneficiar daquilo que você tem a oferecer. Quando todos na equipe estão investindo, então os benefícios são como os juros compostos. Eles se multiplicam.

Veja como começar:

1. *Tome a decisão de construir uma equipe... isto dá início ao investimento na equipe*

Diz-se que toda jornada começa com o primeiro passo. Tomar a decisão de que todas as pessoas da equipe são dignas de receberem desenvolvimento é o primeiro passo na construção de uma equipe melhor. Isto exige compromisso.

2. *Reúna a melhor equipe possível... isto eleva o potencial da equipe*

Como já mencionei anteriormente, quanto melhores forem as pessoas da equipe, maior será o potencial dela. Só existe um tipo de equipe da qual você pode fazer parte e que não deve sair para procurar os melhores componentes possíveis: a família. Você deve estar com essa equipe em todos os vendavais. Contudo, qualquer outro tipo de equipe pode se beneficiar do recrutamento das melhores pessoas disponíveis.

3. *Pague o preço de desenvolver a equipe... isto assegura o crescimento da equipe*

Quando Morgan Wootten se propôs a ajudar o garoto que tinha o placar de 2 a 0 contra ele, o técnico e sua família tiveram um preço a pagar para ajudar aquele garoto. Não era conveniente nem confortável. Isso lhes custou energia, dinheiro e tempo.

O custo de desenvolver sua equipe é você mesmo. Você terá de dedicar tempo que poderia ser usado para produtividade pessoal. Terá de gastar dinheiro que poderia ser usado para benefício pessoal. E, às vezes, você terá de deixar de lado sua agenda pessoal. Mas o benefício aos indivíduos — e à equipe como um todo — vale o preço a ser pago. Tudo aquilo que você dá é um investimento.

4. Faça coisas com a equipe... isto dá comunhão à equipe

Certa vez li a seguinte afirmação: "Mesmo quando você já tiver praticado o jogo da vida, é do sentimento de trabalho em equipe que você vai se lembrar. Você se esquecerá dos jogos, das jogadas e do placar, mas nunca se esquecerá dos seus colegas de equipe." E isso descreve a comunhão que se desenvolve entre os membros da equipe que passam o tempo fazendo coisas juntos.

> Mesmo quando você já tiver praticado o jogo da vida, é do sentimento de trabalho em equipe que você vai se lembrar.

A única maneira de desenvolver a comunhão e a coesão entre os seus colegas de equipe é colocá-los juntos, não apenas numa atividade profissional, mas também nas pessoais. Existem diversas maneiras de fazer com que você se conecte a seus colegas de equipe e que eles se conectem uns aos outros. Muitas famílias que querem se aproximar acham que acampar juntos é a melhor forma. Colegas de trabalho podem se socializar fora do serviço (de maneira adequada). O onde e o quando não são tão importantes quanto o fato de os membros da equipe compartilharem experiências comuns.

5. Dê aos membros da equipe responsabilidade e autoridade... isto levanta líderes para a equipe

O maior crescimento das pessoas normalmente ocorre como resultado de tentativa e erro da experiência pessoal. Qualquer equipe que deseja que pessoas subam em seu nível de desempenho — e para níveis mais altos de liderança — deve dar aos membros de sua equipe autoridade, assim como responsabilidade. Se você é o líder de sua equipe, não proteja sua posição nem monopolize o poder. Abdique dele. Essa é a única maneira de dar poder à sua equipe.

6. Dê crédito ao sucesso de sua equipe... isto levanta o moral da equipe

Mark Twain disse: "Sou capaz de viver dois meses somente com um bom elogio." Esta é a maneira como a maioria das pessoas se sente. Elas estão dispostas a trabalhar duro se receberem reconhecimento por seus esforços. É por isso que Napoleão Bonaparte fez a seguinte observação: "Um soldado vai lutar por um longo tempo e com bastante dedicação apenas por um pedaço de fita colorida." Elogie seus colegas de equipe. Proclame seus feitos. E, se você for o líder, assuma sempre a culpa, mas nunca o crédito. Faça isso e a equipe sempre lutará por você.

7. Pare para ver se o investimento na equipe está sendo pago... isto traz confiança à equipe

Se você coloca dinheiro em algum investimento, você espera um retorno — talvez não imediato, mas certamente com o passar do tempo. Como você vai saber se está ganhando ou perdendo com aquele investimento? Você precisa estar atento a ele e medir seu progresso.

> Sou capaz de viver dois meses somente com um bom elogio.
> — Mark Twain

O mesmo princípio também é verdadeiro para o investimento nas pessoas. Você precisa observar se está recebendo retorno pelo tempo, energia e os recursos que está colocando nelas. Algumas pessoas se desenvolvem rapidamente. Outras são mais lentas para responder, mas não há problema com isso. O resultado principal que você quer ver é progresso.

8. Pare de investir nos jogadores que não estão crescendo... isto elimina maiores perdas para a equipe

Uma das mais difíceis experiências para qualquer membro de equipe é deixar um colega para trás. Mas é exatamente isso que você precisa fazer se alguém de sua equipe se recusa a crescer ou mudar para benefício de seus colegas. Conforme já mencionei na Lei da Corrente, isso não significa que você tem um amor menor por aquela pessoa. Simplesmente quer dizer que você vai parar de passar seu tempo tentando investir em alguém que não vai ou que não pode melhorar.

9. Crie novas oportunidades para a equipe...
isto permite que a equipe avance

Não há maior investimento que você possa fazer numa equipe do que dar a ela novas oportunidades. Quando uma equipe tem a possibilidade de assumir um novo terreno ou enfrentar novos desafios, ela precisa avançar para enfrentá-los. Esse processo não apenas dá à equipe a chance de crescer, mas também beneficia cada indivíduo. Todo o mundo tem a oportunidade de crescer em direção ao seu potencial.

10. Dê à equipe as melhores chances possíveis de ser bem-sucedida...
isso garante à equipe um alto retorno

James E. Hunton diz: "Reunir-se é o começo. Continuar junto é o progresso. Trabalhar junto é sucesso."

Uma das tarefas mais essenciais que você pode assumir é limpar os obstáculos de modo que a equipe possa ter as melhores chances possíveis de trabalhar rumo ao sucesso.

> Onde existe vontade, existe uma saída; onde existe uma equipe, existe mais de uma saída.

Se você é membro da equipe, isso pode significar fazer um sacrifício pessoal ou ajudar os outros a trabalharem melhor. Se você é um líder, isso significa criar e energizar um ambiente para a equipe e dar a cada pessoa aquilo que ela precisa num determinado momento para ser bem-sucedida.

Investir numa equipe praticamente assegura um alto retorno pelo esforço, porque uma equipe pode fazer mais do que indivíduos. Ou, como disse Rex Murphy, uma pessoa que participou de minhas conferências, "onde existe vontade, existe uma saída; onde existe uma equipe, existe mais de uma saída".

Meu investimento pessoal — e meu retorno

Depois de experimentar o que quer dizer investir em sua equipe, você nunca mais será capaz de parar. Pensar em equipe — sobre como os colegas adicionam valor a mim e como eu adiciono valor a eles — me dá uma enorme alegria. Assim como meu investimento e seu retorno, minha alegria continua a crescer.

Valorizo cada pessoa da minha equipe e, se eu pudesse, falaria de cada uma delas. Como isso não é possível, quero que você pelo menos se familiarize com alguns dos membros principais do meu círculo interno:

- Larry Maxwell (comigo há 54 anos). Ele me ama incondicionalmente. Levou o Grupo INJOY a um novo patamar. Faz perguntas maravilhosas. Mantém nossa equipe concentrada. É o meu protetor. É o meu big Brother!
- Margaret Maxwell (37 anos). Minha esposa. Ela me conhece muito bem e me ama muito. Sua parceria tem permitido que eu vá a um nível mais alto. Nossa jornada juntos é a minha maior alegria.
- Dan Reiland (19 anos). Ele foi meu pastor executivo por muitos anos. Agora, como consultor, ele ajuda pastores com o meu coração e minha experiência, mais sua sabedoria e perspectiva. Ele é o melhor amigo de um pastor e o meu melhor amigo!
- Dick Peterson (18 anos). Ele está por dentro de todos os detalhes de minha empresa. Eu abro a porta e ele fecha. Eu começo uma sentença e ele a completa!
- Tim Elmore (15 anos). Ele dá aulas de liderança melhor do que eu, mesmo usando o meu material. O material de liderança que ele me dá é melhor do que o meu próprio.
- Linda Eggers (14 anos). Ela sabe quais são meus pontos fortes e fracos. Ela me representa muito bem. Responde às perguntas da equipe melhor do que eu poderia fazê-lo, além de agir mais rápido que eu.
- Charlie Wetzel (oito anos). Ele modela a vida de mais pessoas do que qualquer outro na equipe. Pega as minhas ideias, lições e rascunhos e os transforma em livros. A partir daí, eles multiplicam.

- Dave Johnson (sete anos). Ele administra os recursos do Grupo INJOY para estender seu impacto por todo o planeta. Ele é um mago das finanças que me ama e me entende.
- Kevin Small (sete anos). Ele tem uma energia e um potencial ilimitados. Vê uma oportunidade quilômetros à frente. Adoro me derramar diante dele. O retorno é enorme!
- Dave Sutherland (sete anos). Ele é o meu número um. Ele é o homem. Um grande pensador. Ele pode fazer a companhia crescer sem mim. Quando passo a bola para ele, é sempre gol.
- Kirk Nowery (cinco anos). Ele me representa muito bem e ama os pastores e as igrejas locais. Todas as noites ele conta histórias de como pode adicionar valor através da ISS. Temos essa oportunidade todas as noites.
- Doug Carter (cinco anos). Ele adora compartilhar a missão da EQUIP (minha empresa sem fins lucrativos) com os outros. Ele ajuda homens de negócio a caminharem do sucesso para a importância. Ele me levou a um patamar completamente novo.

Neste estágio de minha vida, tudo o que faço é um trabalho de equipe. Quando comecei a lecionar em seminários, eu fazia tudo. Certamente havia outras pessoas trabalhando duro também, mas eu tanto empacotava uma encomenda quanto fazia discursos. Hoje, eu apenas apareço e falo. Minha equipe maravilhosa toma conta de tudo o mais. Até mesmo este livro que você está lendo foi um trabalho de equipe.

Minha equipe é a minha alegria. Eu faria qualquer coisa pelas pessoas da equipe porque eles fazem tudo por mim:

Minha equipe me faz melhor do que eu sou.
Minha equipe multiplica meu valor para as outras pessoas.
Minha equipe me capacita a fazer aquilo que eu faço melhor.
Minha equipe permite que eu tenha mais tempo.
Minha equipe me representa nos lugares aonde eu não posso ir.
Minha equipe provê a comunhão que nos dá alegria.
Minha equipe satisfaz os desejos do meu coração.

Se as suas experiências atuais com a equipe não são positivas como você gostaria que fossem, então é hora de aumentar seu nível de investimento. Montar uma equipe para o futuro é como chocar um ovo. Ele pode começar vagarosamente, mas quanto mais você investe, maior será o retorno — semelhante à maneira como trabalham os juros compostos na área financeira. Experimente e você vai descobrir que a Lei dos Dividendos realmente funciona. Investir na equipe produz dividendos a longo prazo.

Pensamento de equipe

Os investimentos que a equipe está fazendo em você estão se pagando?

Tornando-se um membro de equipe melhor

Você está dando um bom retorno por aquilo que seus colegas estão investindo em você? Pense nas oportunidades que você tem recebido e nas experiências de aprendizado positivas às quais você tem sido exposto. Você tem aproveitado todas elas de maneira entusiástica ou tem permitido que muitas delas simplesmente passem diante você?

Se você tem sido apático no que se refere a perseguir oportunidades de crescimento, então mude hoje mesmo sua atitude. Cresça tudo que você puder e proponha-se a dar à equipe um bom retorno dos investimentos que ela tem feito em você.

Tornando-se um líder de equipe melhor

Como líder, você, mais do que qualquer outra pessoa, determina o ambiente de sua organização e se seus liderados estão investindo nos outros. Comece institucionalizando o investimento e transformando-o numa parte da cultura da organização. Encoraje o crescimento. Reserve tempo e dinheiro para o investimento na equipe. Assuma a responsabilidade por investir em seus líderes principais. Quanto mais líderes você tiver na equipe e quanto mais desenvolvidos eles forem, maiores serão os dividendos.

Posfácio

Muitas pessoas falam sobre a química de uma equipe. Você ouve isso com muita frequência no campo dos esportes. Os analistas dirão: "Aquela equipe certamente tinha talento, mas eles não foram capazes de desenvolver a química. É por isso que eles não tiveram o desempenho que todos esperavam."

Você deve ter notado que não existe uma Lei da Química neste livro e isso pode ter sido um desapontamento para você. Mas deixe-me dizer por que é que este conceito não faz parte das *17 Incontestáveis Leis do Trabalho em Equipe*.

A química não é algo que você pode criar a partir de uma habilidade ou que pode implementar a partir de uma única técnica. A química se desenvolve quando você é capaz de aplicar todas as Leis do Trabalho em Equipe. Quanto mais leis você colocar em prática, maior a química que a sua equipe vai desenvolver. Cada vez que um dos membros da equipe encontra seu nicho, ele ajuda a criar uma química positiva. Todas as vezes que um elo fraco é substituído por um membro melhor ou por alguém que vem da reserva, ele cria uma química melhor. Quando um catalisador se levanta e faz alguma coisa acontecer na equipe pela primeira vez, ou quando um líder descobre uma maneira de ajudar a equipe a trabalhar num nível mais alto, eles criam uma boa química. Quando os membros da equipe finalmente contam uns com os outros, isso faz com que a química seja melhor ainda. Todas as vezes que qualquer outra lei é aplicada na equipe, a química vai melhorando mais e mais — e a equipe vai ficando cada vez mais forte.

    Espero que você tenha gostado de aprender as Leis do Trabalho em Equipe. Mais importante que isso, espero que elas o ajudem a desenvolver a equipe dos seus sonhos. Abrace essas leis e você estará dando mais poder à sua equipe. Esta é a minha promessa a você!

Notas

Capítulo 1

1. Tartikoff, Brandon e Leerhsen, Charles. *The Last Great Ride*. Nova York: Turde Bay Books, 1992, p. 60.
2. "Oncolink: An Interview with Lilly Tartikoff", www.oncolink.upenn.edu.

Capítulo 2

1. Gaillard, Frye. *If I Were a Carpenter: Twenty Years of Habitat for Humanity*. Winston-Salem, NC: John F. Blair, 1995.
2. "The History of Habitat", www.habitat.org.

Capítulo 3

1. "Bush Nominates Powell as Secretary of State", 17 de dezembro de 2000.
2. Powell, Collin com Persico, John E. *My American Journey*. Nova York: Random House, 1995, p. 28.
3. Hirsh, Michael e Barry, John. "Leader of the Pack", in Newsweek, 25 de dezembro de 2000, www.newsweek.com.
4. "Town Hall Meeting: 25 de janeiro de 2001", www.state.gov.
5. "Packing Parachutes", extração de uma fita de áudio, www.charlieplumb.com.
6. "Charlee Plumb's Speech Content", www.charlieplumb.com.

Capítulo 4

1. "Mount Everest History/ Facts", www.mnteverest.com.
2. Ullman, James Ramsey. *Man of Everest: The Autobiography of Tenzing*. Londres: George G. Harrap and Co., 1955, p. 178.
3. Ibid., p. 250.
4. Ibid., p. 255.
5. Lovell, Jim e Kluger, Jeffrey. *Lost Moon: the Perilous Voyage of Apollo 13*. Boston: Houghton Mifflin, 1994, pp. 159, 160.
6. Compton, W. David. *Where no Man Has Gone Before: A History of Apollo Lunar Exploration Missions*. Washington DC: NASA SP-4214, 1989.
7. Ullman. *Man of Everest*, p. 227.

Capítulo 5

1. "Quick Answers to the Most Frequently Asked Questions", www.oilspill.state.ak.us/history.
2. "Exxon's Appeal of the Valdez Oil Spill $5 Billion in Punitive Judgement", www.exxon.mobil.com.
3. Cox, Danny e Hoover, John. *Leadership When the Heat's On*. Nova York: McGraw-Hill, 1992, pp. 69, 70.
4. Roat, John Carl. *Class-29: The Making of U.S. Navy SEALs*. Nova York: Ballantine Books, 1998, p. 192.
5. Ibid., p. 7.
6. Ibid., p. 223.

Capítulo 6

1. "The President Suits Up for Practice", www.cbs.sportsline.com.
2. "The History of the 'I Have a Dream' Program", www.ihad.org.

Capítulo 7

1. Farrel, Greg. *Building a New Big Blue*. www.usatoday.com, 23 de novembro de 1999.
2. "IBM wants Business Partners to Focus on Growth", www.findarticles.com, 2 de março de 1999.
3. Farrel. *Building a New Big Blue*.
4. Marchetti, Michelle. "IBM's Marketing Visionary", in Sales and Marketing Management, setembro de 2000, p. 55.

5. Provérbios 29:18.
6. Westell, Dan. "HNG Purchase Gives Internorth New Scope", in Wall Street Journal, 16 de julho de 1985, bis.dowjones.com.
7. STEWART, Thomas A. "Taking Risk to the Marketplace", in Fortune, 6 de março de 2000, www.fortune.com.
8. HAMEL, Gary. "Inside the revolution: Take Ir Higher", in Fortune, 5 de fevereiro de 2001, www.fortune.com.
9. 100 Best Companies to Work For", www.fortune.com.

Capítulo 8

1. MAXWELL, John C. *The Winning Attitude*. Nashville: Thomas Nelson, 1993, p. 24.
2. RILEY, Pat. *The Winner Within*. Nova York: Berkley Publishing Group, 1994, pp. 41, 52.

Capítulo 9

1. Entrevista com Stacey Loizeaux.
2. MAXWELL, John. C. *As 21 Irrefutáveis Leis da Liderança*. Rio de Janeiro: Thomas Nelson Brasil, 2007.
3. GIBBONS, Barry J. *This Indecision is Final: 32 Management Secrets of Albert Einstein, Billie Holiday and a Bunch of Other People Who Never Worked 9 to 5*. Chicago: Irwin Professional Publishing, 1996.
4. Colossenses 3:23,24.
5. ROAT. *Class-29: The Making of U.S. Navy SEALs*, pp. 135,136.
6. "Statement of FBI Director Louis J. Freeh on the Arrest of FBI Special Agent Robert Philip Hanssen", www.fbi.gov, 20 de fevereiro de 2001.
7. PINCUS, Walter e MASTERS, Brooke A. "U.S. May Seek Death Penalty Against Accused Spy Hanssen", www.washingtonpost.com, 28 de março de 2001.
8. Core Values", www.fbi.gov, 30 de março de 2001.
9. "Statement of FBI Director Louis J. Freeh on the Arrest of FBI Special Agent Robert Philip Hanssen".
10. COHEN, William A. *The Art of the Leader*. Englewood Cliffs, NJ: Prentice Hall, 1994.

Capítulo 10

1. FRANKLIN, Stephen. "Founder a Force in Retail, Civic Affairs", www.chicagotribune.com, 29 de dezembro de 2000.
2. "End of the Line", www.nytimes.com, 29 de dezembro de 2000.
3. "Historical Chronology — 1925: Opening Retail Stores", www.sears.com, 15 de março de 2001.
4. COX, Allan. *Straight Talk for Monday Morning*. Nova York: John Wiley & Sons, 1990.
5. MAXWELL, John. C. *As 21 Indispensáveis Qualidades de um Líder*. Rio de Janeiro: Thomas Nelson Brasil, 2007.
6. NEWALL, Robert. "History Comes Alive in Valley Forge", www.vaportrails.com, 11 de março 2001.

Capítulo 11

1. EISNER, Michael D. e SCHWARTZ, Tony. *Work in Progress*. Nova York: Random House, 1998, p. 171.
2. TAYLOR, John. *Storming the Magic Kingdom: Wall Street Raiders and the Battle for Disney*. Nova York: Knopf, 1987, p. 14.
3. EINSER. *Work in Progress*, p. 235.
4. "The Walt Disney Company Annual Report 2000: Financial Review", www.disney.go.com, 28 de março de 2001.
5. COHEN, Adam. "eBay's Bid to Conquer All" in Time, 5 de fevereiro de 2001, p. 48.
6. "Company Overview", pages.ebaycom, 12 de março de 2001.

Capítulo 12

1. WOODEN, John e TOBIN, Jack. *They Call me Coach*. Chicago: Contemporary Books, 1988, p. 104.

Capítulo 13

1. MARCUS, Bernie, BLANK, Arthur e ANDELMAN, Bob. *Built from Scratch: How a Couple of Regular Guys Grew the Home Depot from Nothing to $30 Billion*. Nova York: Times Business, 1999, pp. XVI, XVII.
2. "Company Information", www.homedepot.com, 11 de abril de 2001.
3. MARCUS e BLANK. *Built from Scratch*, p. XVII.

Capítulo 14

1. BETHUNE, Gordon e HULER, Scott. *From Worst to First. Behind the Scenes of Continental's Remarkable Comeback*. Nova York: John Wiley and Sons, p. 4.
2. Ibid., p.6.
3. STEWART, Thomas A. "Just Think: No Permission Needed", in Fortune, 8 de janeiro de 2001, www.fortune.com.
4. BETHUNE. *From Worst to First*, p. 211.
5. "Return with Honor", The American Experience, www.pbs.org, 22 de fevereiro de 2001.

Capítulo 15

1. KAHN, Mike. "Harris' Deletion No Surprise", www.cbs.sportsline.com, 24 de fevereiro de 1999.
2. ROWLAND, Mike. Los Angeles Magazine, junho de 2000, www.find articles.com.
3. VAN der ZEE, John. *The Gate: The True Story of the Design and Construction of the Golden Gate Bridge*. Lincoln, NE: Backinprint.com, 2000, p. 50.
4. Ibid., p. 42.
5. DOHERTY, Craig A. e DOHERTY, Katherine M. *The Golden Gate Bridge*. Woodbridge, CT: Blakbirch Press, 1995, p. 17.

Capítulo 16

1. HOWARD, Johnette. "True Grit", sportsillustrated.cnn.com, 24 de julho de 1996.
2. Ibid.
3. SWIFT, E. M. "Carried Away with Emotion", sportsillustrated.cnn.com, 8 de dezembro de 1996.
4. "Not Just the Wink of an Eye", www.strug.com, 30 de março de 2001.
5. TERESHCHUK, David. "Racing Towards Inclusion", www.teamhoyt.com, 14 de março de 2001.
6. "Father-Son Duo Are World Class Competitors, Despite Odds", www.cnn.com, 29 de novembro de 1999.
7. Ibid.
8. Ibid.

Capítulo 17

1. BANKS, Don. "Teacher First, Seldom Second, Wooten has Built Monument to Excelence at Maryland's DeMatha High", in St. Petersburg Times, 3 de abril de 1987, www.dematha.org.
2. FEINSTEIN, John. "A Down-to-Earth Coach Brings DeMatha to New Heights", in Washington Post, 27 de fevereiro de 1984, www.dematha.org.
3. WOOTEN, Morgan e GILBERT Bill. *From Orphans to Champions: The Story of DeMatha's Morgan Wootten.* Nova York: Atheneum, 1979, pp. 24,25.
4. PLUMMER, William. "Wootten's Way" in People, 20 de novembro de 2000, p. 166.
5. WOOTEN e GILBERT. *From Orphans to Champions*, pp. 12,13.
6. FEINSTEIN. "A Down-to-Earth Coach Brings DeMatha to New Heights."
7. Ibid.

Este livro foi composto em Joana 11/14 e impresso pela
Edigráfica sobre papel Offset 75g/m² para a Vida Melhor
em 2016.